당구장
창업
했어요

당구장 창업했어요

© 조창현, 2018

1판 1쇄 인쇄__2018년 02월 10일
1판 1쇄 발행__2018년 02월 15일

지은이__조창현
그린이__미 유
펴낸이__홍정표

펴낸곳__글로벌콘텐츠
　　　　등록__제 25100-2008-24호

공급처__(주)글로벌콘텐츠출판그룹
　　　　대표__홍정표 **이사**__양정섭 **디자인**__김미미 **기획·마케팅**__노경민 이종훈
　　　　주소__서울특별시 강동구 천중로 196 정일빌딩 401호 **전화**__02-488-3280 **팩스**__02-488-3281
　　　　홈페이지__www.gcbook.co.kr

값 15,000원
ISBN 979-11-5852-169-1 13320

당구장 **창업** 했어요

조창현 글
미유 그림

글로벌콘텐츠

당구장 창업했어요

이 이야기는 20년간의 평범한 직장생활을 정리하고, 경기도의 어느 한적한 동네에 90평 8대의 당구대를 갖춘 당구장 주인이 된 내게 일어난 하루하루의 기록이다. 5만원의 매출에 슬퍼하고 60만원의 매출에 천국을 경험하고, 깊은 새벽 아이와 아내의 감긴 듯 떨리는 눈을 바라보며 강한 의지를 다지며 월 1,500만원의 매출을 달성하기까지의 당구장 주인인 나의 치열했던 전투 같은 49일간의 당구장 장사 기록이다. 아무것도 몰랐기에 용기 있었고, 당구에 대한 열정보다는 생업의 투지로 일궈낸 나의 이야기를 이제 시작한다.

동해바다의 떨어지는 이글이글 타오르는 석양을 본 적이 있는가?

나의 창업은 그렇게 환상적이면서도 무모한 착가에서 시작됐다.

조창현 글
미유 그림

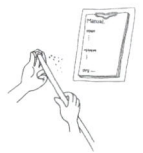

prolog _ 08

2월 5일, 사전준비 _ 18

　왁자지껄하게 여기저기서 소란스럽다. 100여평의 당구장 전체가 오늘은 떠나갈 듯하게 시끄럽고 부산스럽다. 오늘은 내가 직장을 그만두고 새로운 직업의 선택으로 당구장을 개업한 지 꼭 49일째 되는 날이다. 오늘 하루만큼은 당구장에서 시끄럽게 떠들어도 좋고, 휴게실의 준비된 공간에서 술을 마셔도 좋다고 난 손님들에게 공표했다.

　오늘은 미루어 두었던 개업식 겸 고객감사의 날이다. 이런 특별한 날을 만든 이유는 2월 중순 개업 이후, 정상적인 정산을 시작한 3월달 1개월간의 1일 매출평균이 45만원을 넘는 괄목할 만한 성과를 이뤘음을 당구장 직원 전체가 스스로 자축하고, 당구장을 이용해준 손님들께 특별한 감사의 마음을 전하고 싶었다.

—

　나와 가끔 당구를 치는 자주색 폴라 티에 백발을 한 손님이 나를 보자마자 게임을 요청한다.

　"오늘 주인장과 함께 오래 있어서 참 좋아! 오늘은 도망가지 말고 나랑 꼭 한 게임 하자~구! 하하하"

　"네, 그러시죠. 오늘은 꼭 이기겠습니다!"

　그가 오늘따라 유독 친한 척 너스레를 편다. 이 손님은 내가 낮에 가끔 당구장에 들를 때 한 게임씩 하며 친하게 된 손님이다. 맞수? 내가 조금 고점자이지만 여간 해선 이기기 힘든 상대다.

　또 저쪽에서 예쁘장한 여자아이가 날 보며 '사장님 오늘 웬 일로 넥타이? 멋지세요!'라며 칭찬을 아끼지 않는다.

　다음 당구대로 가서 인사를 하자 손님이 의아한 표정으로 '사장님이셨어요?'라며 묻는다.

　"저는 가끔 뵐 때마다 흡연실에서 담배만 피우고 가시길래 손님인 줄 알았어요. 하하하, 저는 저기 카운터에 계신 분이 워낙 친절해서 그분이 사장님인 줄 알았지 뭡니까! 하하하"

　그리곤 다과로 준비한 초콜릿 쿠키를 입에 물고는 연신 웃어댄다. 난 매장을 책임지고 운영하는 직원에 대한 칭찬에 약간은 으쓱해졌다.

　"저 친구가 사장이죠. 전 그냥 왔다 갔다 만 합니다. 저 없어도 친절한 걸 보니 보너스를 좀 줘야겠는데요. 하하하"

　카운터에서 부산스럽게 큐 손질을 하고 있는 '영민'이 우리를 보고 씩 웃는다. 한 손에는 걸레를 한 손에는 큐를, 동시에 두 눈은 90평의 매

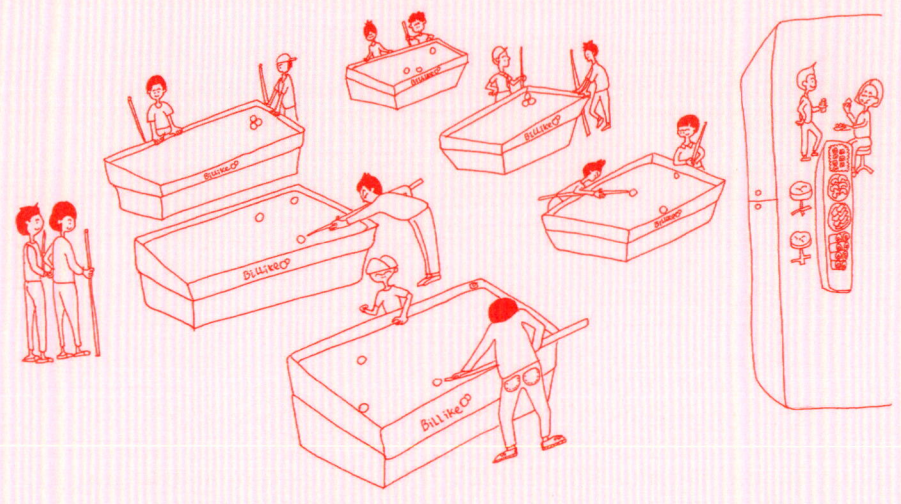

장을 두리번거리며 연신 미소를 짓고 있다.

난 오늘 당구대마다 돌아다니며 게임을 치는 손님들에게 정중하게 인사를 했다.

"감사합니다. 손님 덕분에 제가 오늘 넥타이를 메고 이렇게 인사를 자신있게 인사를 드립니다!"

나의 인사에 손님들은 가벼운 목례로 답을 하고 칭찬도 아끼지 않는다.

"여기가 우리 동네에서 제일 좋은 당구장입니다. 하하하!"

손님의 극찬에 으쓱해졌다.

"그렇죠? 분명 그럴 겁니다! 앞으로도 더 좋은 당구장으로 손님들이 불편함 없도록 노력할게요~"

저녁 6시, 꽉꽉 들어찬 손님들에게 난 큰소리로 외쳤다.

"손님, 오늘은 마음껏 다과를 즐기세요. 그리고 오늘 게임요금의 50%는 제가 쏩니다! 마음껏 즐기세요!"

오늘은 '고객감사'의 날이다. 하루 매출을 포기한 것이 난 전혀 아깝지 않았다.

2016년 가을, 안양 인근의 저수지, 새벽 5시

새벽 공기가 유독 차갑고 시리다. 이제 11월인데 한겨울 칼바람이 귓가를 얼려버린다. 주머니에 꼭꼭 쑤셔넣은 손을 잠시 빼곤 벌겋게 얼어버린 귀 볼로 가져가길 망설인다. 지금 이 순간 나는 손을 빼서 귀를 녹일지, 손이라도 따듯하게 유지하고 버틸지를 고민하고 있다. 잠시 뺀 양손마저 늦가을 칼바람의 냉기에 얼어붙을지도 모른다는 불안과 위기에 이러지도 저러지도 못하고 망설이고만 있다. 다시 담배를 한 까치 입에 물곤 불을 땅긴다. 콘크리트 계단에 털썩 앉은 벌어진 다리 사이엔 이미 수북하게 담뱃재가 쌓이고 담배꽁초들이 어지럽혀져 있다.

엉덩이가 차갑다. 항문을 뚫고 바닥의 냉기가 파고드는 고통이 전해져 온다. 벌써 2시간째 이 자리에서 난 망설이고 있다. 손을 빼고 귀를 덮을 것인지, 아니면 이제 귀를 포기할 것인지 말이다. 가랑이 사이의 콘크리트 바닥색이 벌겋게 느껴진다. 타다 버려진 담배꽁초의 열기가 뜨겁다. 유일한 온기다. 조심스럽게 손을 모아 담뱃재 위에 불을 쬐 본다. 열기가 없는 현실. 차갑다. 다시 주머로 손을 급히 넣었다. 귀는 점점

더 붉은 색으로 얼어간다.

주머니 속에 쑤셔넣은 손을 빼 양손으로 귀를 따듯하게 덮을 용기가 도저히 생기질 않는다. 아니 이 손마저 얼어붙어 양 손과 귀를 다 못쓰게 될지도 모른다는 불안감에 시달리고 있다. 담배꽁초는 계속 쌓여간다. 불을 땅길 때 검지와 중지 사이에 전해져 오는 온기가 지금 유일한 나의 위로다. 그렇게 며칠이 반복됐다. 가슴에 박히는 늦가을 새벽의 칼바람은 생각보다 차갑고 매서웠다.

—

나의 창업 결심은 길고 긴 시간이 지나서야 결정이 됐다. 막상 결심을 하고 나니 처음 생각과는 다르게 여러 가지 고민과 해결과제들이 발생했다. 자금의 부족함도 문제고, 당구장 장사를 해 본 경험이 없는 내가 장사를 잘 할 수 있을까? 라는 불안감도 있었다. 당구를 많이 좋아하지만 사실 난 당구장 일에 대하여 지금의 고민 이전에는 신중히 알아 본

적이 없다. 모든 것이 '처음'. 마치 입사면접을 준비하는 취업준비생과 같다. 궁금한 것, 알아야 할 것은 많지만 도통 무엇부터 어디서부터 해야 할지 알 수 없는 백지와 같았다.

무엇보다 최종 결정을 위한 큰 해결 과제는 가족을 설득하는 일이었다(잘 다니던 회사를 그만 두어야 하는 이유를 설명해야 하고, 어렵게 모아 둔 여유 자금과 퇴직금을 한 방에 털어버릴지도 모른다는 불안감은 나 보다 가족이 더 크다는 것을 잘 알고 있다).

그러나 45세의 나이에 시작하는 제2의 인생도전을 여기서 멈출 수가 없다. '돈은 벌어야 하고, 좋아하는 일을 하고 싶다! 그리고 난 가족의 생계를 책임져야 한다'라는 나의 절박함을 열정으로 바꾸어야 했다.

"여보 잠깐 드라이브나 할까?"

나의 데이트 제안에 의아한 듯 가볍게 스웨터를 걸치곤 미소를 지으며 그녀가 묻는다.

"무슨 일 있어? 왠지 기분이 싸~한 걸!"

눈치가 빠르지도 않고 곰 같기만 하던 이 여자가 오늘따라 날카로운 질문을 한다. 숨이 턱 막혀온다. 입가의 미소가 '다 알고 있어! 이제 이실직고 해!'라고 압력을 넣는 것 같다.

"아니야, 따듯하게 입어. 새벽 공기가 차가워. 아 참! 장롱 속에 패딩이라도 꺼내 입는 건 어떨까? 벌써 많이 춥더라고."

난 중저음의 무게 있는 말투로 씩 웃으며 따듯하게 입을 것을 권했다. 며칠 동안 저수지에서 온몸이 얼어붙은 경험을 해서인지 벌써부터 귀가 떨어져 나간 듯 시려왔다.

"이 남자가 오늘 뭔 일이 있긴 있나 봐~"

다정한 말투로 나의 팔짱을 꽉 끼곤 오른팔에 매달린다. 그리곤 귓가에 입술을 대고는 평소와 다른 부드러움으로 속삭인다.

"자기 품이 제일 따듯해요. 밖이 추우면 이렇게 꼭 안아주면 되잖아요."

난 지긋이 그녀를 내려다 보곤 왼손을 오른쪽 팔로 가져가고 그녀의 손을 덮어 주었다. 따듯하다.

—

　80km, 100km 부드럽게 5단을 넘어 8단 변속기를 딸깍 딸깍 올린다. 엔진의 굉음과 함께 악셀을 깊게 꾹 누른다. 150, 180km 부아아아앙~ 6기통 터보엔진이 괴성을 지른다. 페들쉬프트의(핸들의 양쪽에 달린 기어조정 장치) 오른쪽 '+'를 딸깍 딸깍 당겨 기어를 높이고 엑셀을 밟을 때마다 순간 목이 뒤로 젖혀지고 빠른 반응속도로 자동차의 속도가 올라간다. 타이어 탄내가 뜨거운 열정의 향기로 들어오고 내 심장은 점점 더 뒤로 멀어져 간다. 뒷좌석에서 후미의 트렁크 끝 배기구로 그리고 내 차 뒤의 어느 도로에 떨구어진 내 심장은 날 따라오기에 숨가쁘다.

　"여보, 무슨 일 있어요?"

　180km 가까이 속도계의 바늘이 올라갈 무렵, 무섭게 내달리는 날 불안하게 느낀 그녀가 허벅지 안쪽에 손을 넣고는 가볍게 꾹 누른다. 그제서야 엑셀에서 발을 땐 난, 뒤따라 숨가쁘게 달려오는 내 심장을 다시금 끼우고 정신을 차렸다. 그리곤 한강의 물결이 잘 보이는 곳에 차를 세웠다.

　검은 물결 위로 한남대교의 불빛이 은은하게 비추고 건너편 남산타워의 초록색 원형 등이 깜빡인다. 다리 위 자동차들이 느리게 걸어가고, 강 건너 한남동 어느 아파트의 실내 무드 등 불빛이 그윽하게 다가온다. 10m 앞 강물에 잉어 한 마리가 팔딱 뛰며 날 쳐다보곤 다시 강 속으로 들어간다(잉어인지? 붕어인지? 알 수 없다).

　지금 난 어지럽고 갑갑하고 망설여지고 두렵고 혼란스럽다. 오랜만의 데이트인데 오늘따라 유독 섹시한 그녀에게도, 멋진 야경에도 집중

할 수가 없다. 결혼 전을 생각해 보면 이런 야경을 보면서는 늘 오른팔을 그녀의 목을 스쳐 등 뒤 브래지어 라인에 가볍게 손을 올려 쓰다듬 곤 그녀의 입술을 맛보곤 했다. 그러나 지금은 그런 에로틱함을 생각하기엔 마음이 편하질 않다.

'기이잉~' 썬루프를 열고 담배 한 까치를 입에 물었다. 고개를 젖히고는 '후~'하고 한 모금을 뱉었다. 깊고 넓게 퍼진 담배연기가 하늘로 빠져나간다. 흰 연기 사이로 달빛이 아른거린다. '탁! 탁!' 반쯤 피운 담배를 검지로 털어버리곤 난 용기를 냈다.

"나 당구장 해보려고 해! 오랫동안 생각했어. 당신이 날 믿어주면 좋겠어!"

순간 적막이 흐른다. 숨소리조차 내기 힘든 이 상황을 난 어떻게든 탈출하고 싶다. 어지럽고 현란한 불빛들은 순간 모두 사라지고 캄캄한 암흑과 적막이다.

"여보, 나 당신을 믿어요. 망하진 말아요! 호호호"

"..."

의외의 반응에 난 아무 말도 할 수가 없다. 무언가 심각한 반대를 예상했는데. 그러고 보니 그녀는 결혼 전부터 항상 나의 결정에 반대를 한

적이 없었다. 늘 내게 단 한마디 '난 당신을 믿어요!'라는 말을 하곤 했다. 그게 내겐 큰 중압감이면서도 의지를 세우는 힘의 원천이 되곤 했다. 지금도 그녀는 내게 '믿는다'는 말 뿐. 반대도 걱정도 우려도 없다. 그리곤 다시 오른팔에 팔짱을 끼곤 애교를 피운다.

"따듯한 아메리카노 한 잔 사주세요!"

그녀가 기어박스 콘솔에 걸친 내 오른팔에 팔짱을 꽉 끼워 기대고는 오른 손으로 나의 뱃살을 감싸 안고 부드럽게 쓰다듬는다. 따듯하다. 난 오른손 손바닥으로 가볍게 그녀의 얼굴을 감싸 안았다. 그리곤 그녀의 숨결을 느꼈다.

'망하진 말아요. 호호호' 그녀의 웃음 띤 농담 같은 한마디가 불안과 걱정을 대변하는 듯하여 가슴이 먹먹해졌다.

"꼭 성공할게! 믿어줘서 고마워."

붉은 입술에 가볍게 키스를 한다.

따듯하다.

그렇게 나의 당구장 창업은 시작됐다.

—

49일 후, 다시 찾은 저수지

뜨거운 석양이 온통 하늘을 붉게 물들였다. 항문을 찌르던 차디찬 냉기는 사라지고 콘크리트 계단 틈새로 이름 모를 새싹이 돋아나고 있다. 왼쪽으로 고개를 돌리자 흰색의 달이 떠오른다. 팔을 쭉 뻗어 플라스틱 아이스 아메리카노 잔에 해와 달을 동시에 담는다.

　2명의 남자와 3명의 여자가 커피숍에 빙 둘러 앉아 뭔가 꿍꿍이 모의를 하고 있다. 커피를 주문하기 직전, 서로 약간의 어색함은 달콤한 라떼 한 잔에 이내 사라져 버렸다. 난 오늘 당구장에서 함께 근무할 직원들 간의 상견례와 앞으로의 근무형태에 대하여 이런저런 이야기를 하고 있다. 이런 과정이 무슨 필요가 있겠냐는 주변 지인들의 지적도 있었지만 난 이 부분에 매우 확신이 있다. 어떤 조직이건 조직원 간의 소통과 협조관계가 형성되지 않으면 안 된다는 기본 원칙과 함께 이들이 나와 함께 서로 좋은 관계를 맺음으로써 업무효율이 극대화 된다고 믿는다.

"사장님, 우리가 손님들에게 잘하기만 하면 장사는 정말 잘 될 것 같아요, 깐깐한 제게도 인테리어가 정말 마음에 들어요. 손님들도 분명 좋아할 거에요! 호호호"

평일 저녁 직원인 '미진'이 하이톤의 목소리로 분위기를 띄웠다.

"그래? 맘에 들어? 내가 만들었지만 나도 정말이지 마음에 든다. 손님들도 분명 좋아하겠지? 안 그래?"

난 모두를 향해 '동의해'라는 압박을 가했다.

"그럼요 사장님, 여자친구랑 와도 좋을 것 같아요. 제가 쉬는 날에 꼭 같이 올 거에요!"

나를 포함해 빙 둘러 앉은 우리 모두가 인정하는 분위기다(인정하는 분위기를 내가 억지로 만들었는지도…).

저녁 근무자인 '미진'은 짧은 단발머리, 162cm의 키, 스키니 청바지가 잘 어울리는 긴 다리를 가지고 있다. 크지 않은 키에도 단화를 자신 있게 신은 용기가 나에겐 대단한 매력으로 다가왔다.

"사장님, 우리 아이스 티 음료에는 레몬을 하나 띄우는 게 어떨까요?"

"응? 레몬? 복숭아 아이스 티에 레몬을 섞어도 될까?"

난 의문스럽게 물었다. 내 생각엔 복숭아와 레몬의 조합이 선뜻 이해가 되질 않았기 때문이다.

"네 사장님, 레몬 1/4조각을 띄우면 맛이 상쾌하고 커피 색에 노랑색이 더해지면 시각적으로도 아주 좋아요. 제가 전에 커피숍에서 일 할 때 손님들의 반응이 아주 좋았거든요~"

그러자 다른 직원들도 그녀의 의견에 '아하'하고 동의를 하는 눈치였

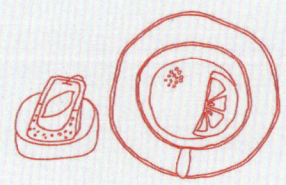

다. 난 투명한 컵에 아이스 티가 담기고 노랑색 레몬이 들어간 음료 잔을 상상해봤다. 음~. 그 이미지가 과연 그녀가 이야기해준 이미지와 딱 맞아떨어졌다. 우린 음료와 고객서비스 등에 대한 가볍지만 그래도 의미있는 의견들을 주고 받으며 분위기를 한껏 올렸다. 그녀는 연신 가느다란 목소리로 차분하게 수다를 이어갔다. 미진의 활달하고 주저없는 당구장 운영에 대한 의견이 쏟아지자, 다른 직원들도 망설이던 생각들을 조심스럽게 그리고 수다스럽게 다양한 의견들을 꺼내기 시작했다. 커피숍은 그야말로 대 토론의 장이 됐다.

—

오늘 난 개업 전에 당구장에서 근무할 모든 직원과 한자리에 모여, 앞으로 우리가 당구장을 어떻게 운영할 것인지에 대한 의논과 서로간의 소통을 통해 근무자간의 자연스런 유대관계를 형성하고 근무중에 유기적인 협력관계를 만드는 자리를 마련했다. 나름 대기업 출신인 나는 이 오리엔테이션의 중요성을 누구보다 잘 알고 있다. 물론 오늘 자리에 모인 직원들의 시간당 급여는 지급되는 것이 원칙이다.

이후 개업날까지 우리는 정해진 시간에 모여 당구장 개업준비를 함께 했다. 음료를 만들어 시음을 하기도 하고, 손님이 들어 왔을 때 상황을 가정하고 갖가지 인사방법을 연습하기도 하고, 각자의 근무시간에 따른 역할을 정하고 연습을 했다.

우리의 준비는 완벽했다.

최소한 내 생각에는.

당구장 창업했어요

당구장 창업했어요

밤새 한숨도 잠을 이룰 수가 없었다. 팔 베게 속의 그녀는 쌔근쌔근 잠들어 있다. 팔이 저려오는 떨림과 아픔이 앞으로 내게 다가올 운명의 무게라는 것을 난 몰랐다. 그저 지금은 한 침대 속 가족을 위한 책임감과 기대만이 있을 뿐이다.

그녀의 귓가에 속삭였다.

"여보, 나 진짜 열심히할게요. 그리고 믿음에 보답할게! 믿어줘서 고마워요!"

속삭임의 떨림이 전해졌는지 그녀는 팔 베개를 한 내 오른 팔의 저린 손을 꽉 부여잡고는 이내 깍지를 낀다. 아무 말없이 꽉 부여잡은 고사리 같은 손 마디 마디에서 온기와 떨림이 전해져 오고, 내 입술은 그녀의 귓가에 조금씩 입김을 불어넣어 촉촉해진 귀 볼에 미래의 약속을 담았다.

아침 10시, '딸랑 딸랑' 설레는 마음으로 당구장 문을 열자 투명한 유리문에 걸어놓은 놋쇠 방울이 경쾌하게 울린다. 손님이 문을 열고 들어올 때마다 울리게 될 방울소리가 유독 경쾌하고 좋다.

"방울아, 하루 40번만 울려주렴!"

난 혼잣말로 당구장에 들어오는 손님의 숫자를 방  울을 바라보며 간절히 기도했다.

장사를 위한 모든 준비는 마쳤다. 냉장고에 음료수도 가득 넣어 두었고, 함께 일할 직원들의 교육도 이미 며칠 전부터 완벽히 예행연습을 해두었다. 모

든 것이 완벽했다. 이제 손님이 들어오고 정해진 대로 직원들과 분주하게 움직이는 일만 남았다. 난 1번 당구대의 쿠션에 손바닥을 얹고 쓰다듬듯이 당구대 주위를 천천히 한 바퀴를 돌았다. 푸른색 거친 천의 촉감이 미끄러지듯 손 끝에 전해지고 이 당구대에서 신나게 당구를 칠 손님들의 함박웃음과 승부의 전율을 상상한다.

이제 시작이다!

아침의 기대와는 다르게 방울은 한번도 소리를 내지 않았다. 그렇게 저녁 8시가 됐다. 심장이 타 들어가는 열기에 얼굴은 저녁노을처럼 붉게 물들어 상기됐다. 문득 그런 생각이 들었다. 남들은 인테리어 공사를 하는 도중이나 당구대를 조립하는 날, 몇 사람씩 당구장으로 올라와서는 아직 개업을 하지 않았음에 아쉬워하며 돌아 간다는데 난 준비기간 동안 단 한 사람도 그런 적이 없었다.

순간 불안감이 엄습해 온다. '혹시 자리가 안 좋은 걸까?' 미간에 주름이 잡히고 나도 모르게 뒷골이 서늘해진다. 공사기간 중 현수막이라도 붙여 놨어야 했던 걸까? 흡연실로 들어가 담배를 하나 물고는 텅 빈 당구대와 스마트 폰을 만지작거리는 여직원을 바라본다. '후~' 담배연기를 뿜자 천장의 동그란 환풍기로 '휙~' 하고 순식간에 빨려 들어사라진다. 이순간, 담배연기에 지금의 고

민과 걱정이 섞여 나갔으면 좋겠다는 생각을 한다(늦가을 콘크리트 계단의 송곳 같은 항문의 찌름이 다시 전해져 오는 듯 했다).

"미진씨, 우리 커피나 한잔 할까?"

텅 빈 공간의 어색함을 달래기 위해서 아르바이트 직원 미진에게 티타임을 제안했다.

"네 사장님, 제가 맛있게 타드릴게요~ 믹스에 설탕 하나 넣으면 기분이 좋아져요~"

"그래? 그럼 '달달'하게 한번 마셔볼까!"

잠시 후 따뜻한 커피를 놓고 마주한 우린 아무 말없이 투명한 강화도어의 방울을 바라보았다. 커피를 홀짝이던 미진이 조심스럽게 말을 꺼낸다.

"사장님, 제가 밖에 나가서 호객행위라도 할까요? 오늘 개업인데 사람이 너무 없어서 저 좀 불안해요. 사장님 표정도 어두워서 제가 뭐라도 해야 한다는 생각이 들어요."

"내 얼굴이 어두워? 좀 전에 거울을 보니 벌겋게 올라와 있던데? 하하하! 밝지 않아?"

"네? 그리고 보니 사장님 얼굴이 붉은 노을 같아요~ 하하하!"

"..."

아마도 흡연실에서 담배연기를 길게 내뿜는 나의 모습을 봤던 모양이다. 기특하면서도 걱정을 하는 미진에게 조금 부끄러웠고 미안했다. 평상심을 잃고 불안하고 초조함에 어쩔 줄 몰라 하는 오너의 초췌함.

"미진씨, 오늘 첫 날이잖아. 걱정할 것 없어. 우리 곧 손님들이 저기

휴게실에서 대기하고, 당구대 빨리 닦아 달라고 재촉하고, 음료 더 달라고 투정을 부리기도 하고, 그 순간 또 손님이 또 들어오는 날이 금방 올 거야~ 그러니 걱정하지 않아도 돼~"

난 애써 미진을 안심시켰다(그리고 이 주문 같은 대사는 나 자신을 안심시키는 말이기도 했다).

나의 당구장 창업준비는 철저했다. 남들과 다르게 전문가들을 찾아다니며 알찬 조언도 들었고, 당구장 창업교육을 하는 학원에서 1개월간 교육을 받으며 관리와 운영에 관한 노하우들을 철저하게 습득했다. 그리고 학원 선생님의 조언에 따라 '장사를 잘 하는 당구장'을 찾아 다니며 배운 그들의 노하우를 취합하고 나의 것으로 만드는 과정을 밟았다. 그렇게 지금의 당구장이 만들어지고 개업을 하게 됐다. 갑자기 강사 '김 실장'의 말이 생각났다.

여러분! 장사는 단계가 있습니다. 여러분은 개업 첫 날부터 괄목한 성과를 볼 수도 있지만 그렇지 못할 경우가 대부분입니다. 여러분의 철저한 준비와 노력을 믿으세요! 불안한 마음을 누구에게도 들키지 마세요. 그 불안함과 공허감은 여러분의 몫입니다.

'딸랑 딸랑'

드디어 방울소리가 울렸다. 나와 미진은 벌떡 일어나 큰 소리로 반갑게 인사를 했다. 첫 손님이다.

"어서 오세요! 3구 드릴까요? 4구 드릴까요?"

저녁 10시가 훌쩍 넘은 시간, 그렇게 지루하고 애타는 기다림 끝에 첫 손님을 맞이했다. 그렇게 긴 기다림으로 애타게 장사가 시작 됐다.

당구장 창업했어요

흡연실 소파에 앉은 손님들이 두리번거린다. 파란색 걸레와 방향제를 들고 흡연실로 들어서자 나를 보면서 자기들끼리 고개를 끄덕이며 숙덕거린다.

"야~ 흡연실에서 좋은 냄새가 나는 이유가 있었네. 사장님이 방향제를 계속 바르는 것 같아."

기다렸다는 듯 난 얼른 손님에게 말을 건넸다.

"네, 제가 여기 원목에 방향제를 발라요. 은은하게 향이 나오도록 말이죠. 그리고 저희 집 재떨이는 좀 작아요. 제가 수시로 비워서 깨끗하게 관리하려고 하는 거니까 한번에 한 개씩의 재떨이를 사용하세요."

손님은 나의 수다스런 응대에 의아해 하며 웃으면서 하나를 더 묻는다.

31

"사장님 근데 흡연실이 왜 이렇게 커요? 다른 당구장하고는 좀 다른데요?"

난 으쓱하며 대답했다. 마침 물어볼 것을 잘 물어봤다는 생각이다.

"하하하! 제가 완전 골초예요. 흡연자도 좋은 공간에서 담배를 피워야 하고요. 전 남의 연기를 마시는 게 정말 싫어요. 그래서 마침 당구대가 안 들어가는 넓은 공간이 있어서 크고 좋게 만들었어요. 하하하!"

나의 자세한 설명에 손님도 내 뜻을 이해했는지 흡연실의 회색 천 소파에 기대어 여유있게 연기를 만끽했다. 난 손님들이 흡연실에서 편하게 담배를 피우는 모습이 참 좋다. 흡연실 밖에서 원숭이 보듯이 담배 피우는 나를 보는 시선들이 언제나 싫었다. 골초인 손님도 비흡연자인 손님도 내겐 똑 같은 손님이다.

―

오늘 매출은 10만원을 조금 넘겼다. 어제와는 다르게 큰 안도감이 들었다. 손님들의 반응도 비교적 좋다. 특히 고급스럽고 깔끔한 인테리어와 더불어 넓고 쾌적한 흡연실에 대한 만족도가 눈에 띄게 좋은 반응으로 드러났다. 잠시 한숨 돌린 TV에서 대통령 탄핵에 대한 이야기가 흘러나온다. 정치에 관심 없는 내겐 그저 하루 종일 귀 따갑게 반복되어 듣는 소음과도 같다. 정치 전문 평론가와 정치인들은 책임과 의무에 대한 이야기를 반복적으로 하고 있다. 난 당구장 주인으로써 나의 의무와 당구장 운영의 원칙에 대한 생각만을 한다.

60대의 노신사 3명이 소주 팩을 숨어서 홀짝인다. 그들은 벌써 3시간째 4구를 치면서 소란스럽다. 술을 마셔서인지 아니면 원래 목소리가 큰 건지 당구장 전체에 굵직한 동굴소음이 울려 퍼진다. 카운터 앞의 난, 그 소리가 계속 거슬리고 그들이 마시는 소주 팩이 짜증스럽다. 내 당구장은 금주/금연 당구장이다. 조금 웃기지만 난 기차에서의 맥주 냄새가 참 싫은 사람이다. 비흡연자는 담배냄새가 짜증스럽다고 말들 하지만, 비음주자인 나는 맥주의 지린내와 합쳐진 오징어 냄새가 참 싫다. 왜 정부는 흡연자만을 단속하는지 모르겠다는 생각을 늘 했다. 그래서 내 당구장은 금주/금연 당구장이 됐다. 순전히 내 기준에서 형평의 원칙이다.

"어르신, 오늘은 약주 드시지만 다음부터 약주는 저쪽에 마련된 휴게실에서 드셔야 해요. 저희 당구장은 당구대 홀에서는 술과 담배를 하실 수 없습니다."

"아니 뭐? 다른 당구장은 다들 먹는데 왜?"

거나하게 취한 어르신 한 분이 따지듯 내게 물었다. 그런데 내가 답을 하기도 전에 옆에 있던 일행이 말을 한다.

"이봐! 김사장, 현관 앞에 써 있었어! '금주'라고. 그리고 여기 분위기를 봐! 술 마실 분위기가 아니잖은가? 우리 다음부터는 여기 룰에 맞게 저기 휴게실에서 마시기로 하세. 하하하"

따지듯 묻던 어르신은 투덜투덜 하면서도 어쩔 수 없다는 듯이 소주팩을 쥐어짜면서 아쉬워했다. 난 이 상황이 조금은 어르신들께 죄송하면서도 뿌듯했다. 술을 못 마시게 하는 원칙이 조금은 죄송했고, 그 원칙을 내 당구장의 환경에 빗대어 수긍하는 손님의 태도에 '환경이 행동을 제어한다'라는 내 생각이 맞았구나 하는 안도의 뿌듯함이 들었다.

::: 불안

이틀째의 장사. 참 설레면서도 심장이 내려앉아 창자에 눌리는 듯한 갑갑함을 느낀다. 애써 들키지 않으려 뛰어보지만 그럴수록 얼굴은 붉게 물들어 혈압을 올린다. 문득, 금주/금연의 제약에 손님들이 안 오게 되는 건 아닐까? 하는 불안감이 짓누른다. 기세 좋게 선언하고 단호하게 입으로 뱉지만 말이다.

2월 13일 4 DAY

대형마트 노란색 손잡이의 수레에 연노랑 색의 소시지와 초콜릿 바를 가득 담았다. 흡연자를 위해 색색의 사탕도 가득 담았다. 소시지와 초콜릿 바는 손님들에게 유료로 제공될 예정이다. 1개당 구매 가격은 각각 450원과 900원. 참! 소시지와 초콜릿 바를 담아 전시할 진한 노랑색 플라스틱 바구니도 예쁜 것으로 구매했다.

'띡띡띡' 계산을 마친 물건들이 차가운 철제 계산대로 밀려들어온다. 다음 물건이 밀려오기 전에 부지런히 청록색 종량제 쓰레기봉투에 쓸어 담아야 한다. 순간 난 이 맛있고 예쁜 것들을 쓰레기봉투에 담는 것이 마음 아프다는 생각을 한다. 옆 계산대의 A++ 등급의 한우도, 싱싱한 갈치와 야채와 과일도 이 20리터짜리 청록색 봉투에 담긴다. 그 순

간 '쓰레기'가 된 것 같은 불쾌감이 드는 것은 어쩌면 세심하고 꼼꼼한 내 성격 탓 일수도 있다.

당구장으로 돌아와 카운터에 노랑색 바구니에 노랑색 별 모양의 스티커 메모지에 '1개 1,000원', '2개 1,000원' 초콜릿 바와 소시지가 담긴 노랑색 플라스틱 바구니에 가격표를 붙이고 카운터에 진열을 했다.

"사장님 이거 판매하는 거죠? 근데 1,000원 너무 싸지 않아요?"

미진이 애써 마트를 뒤져 사온 수고가 있는데 구매가의 1.5~2배는 받아야 하는 거 아니냐며 질문을 던진다.

"그냥 사 온 가격이면 충분해! 어차피 대부분 그냥 줄 건데 뭘!"

"…"

나의 대답에 의아한 미진은 말이 없다.

"미진아, 혹시 여자친구와 함께 온 손님, 아이와 온 손님들이 있으면 이거 하나씩 서비스로 주도록 해. 근데 그냥 주지는 말고 꼭! 파는 것이라는 것을 이야기하고 '손님에게 특별히 서비스'하는 것이라고 얘기해 주면 좋겠어. 그래야 손님이 유료서비스를 무료로 받았다는 고마움 정도는 느낄 테니까."

"네, 사장님 그렇게할게요. 근데 좀 아깝긴 해요! 호호호~"

센스있는 미진은 나의 의도를 명확히 알아챈 것 같다. 미진이 가끔 손님에게 서비스를 할 때면 손님들이 꼭 카운터 근처의 나를 보며 슬쩍 웃으며 목례를 하곤 한다.

—

오늘은 8대의 당구대가 풀이 되는 시간도 있었고, 조금씩 매출이 올라가는 느낌을 피부로 받는다. 어제 왔던 손님들의 재방문도 있었다. 출입구 강화도어에 달린 방울소리도 이제 심심하지 않을 정도로 딸랑거린다. 가끔 손님이 들어오는 방울소리를 손님들의 웅성거림과 분주한 내 발자국 소리에 듣지 못하는 바쁜 시간도 생겼다. 153,000원의 매출이 만족스럽진 않지만 그래도 앞으로의 희망이 보이는 하루다.

아주 잠깐 금연과 금주를 해지할까 생각했다.

오늘만 해도 3팀이 금연이라는 말에 발길을 돌렸고, 몇 몇의 손님들은 계산을 하면서 금연이라 불편하다는 불만을 토로하며 당구장을 나갔다. 의지있게 시도한 일이지만 이런 손님들의 불만을 직접 들을 때는 마음이 참 불편하다. 어차피 12월이면 당구장 금연이 본격적으로 시행되는데, 남들 보다 굳이 미리 실행해서 매출을 손해 볼 필요가 있는지 하는 약한 마음도 든다. 그리고 현실적으로는 하루 3~4만원의 매출이 아쉬운 것이, 아니 아픈 것이 사실이다.

그러나 그런 생각은 잠시!

'남녀노소 누구나가 즐길 수 있는 쾌적한 당구장! 깨끗한 당구장!'의 목표를 이루기 위해선 초반에 감수해야 한다는 의지를 불태운다.

당구장 창업했어요

출근 길, 편의점 외부 판매대에 초콜릿과 인형이 예쁘게 전시되어 있다. '발렌타인데이, 연인에게 초콜릿을 선물하세요!'라는 홍보문구와 함께 갖가지 초콜릿들이 가득 싸여있다. '아, 오늘이 여자가 남자에게 초콜릿을 준다는 그날이 군!' 순간 남자들이 득실 득실한 당구장에 오늘 같은 날 초콜릿을 주면 참 좋아하겠다는 생각을 했다(순전히 내 생각인데 여자친구 없는 남자들은 당구장에서의 술내기로 아쉽고 외로운 마음을 달랠 거라는 생각).

———

　진한 초록색 목 티에 밝은 갈색 캐시미어코트를 걸친 180cm 정도 키의 30대 남자가 당구장으로 들어왔다. 캐시미어가 완벽한 멋을 내주기엔 질이 조금 떨어져 보였지만 훤칠한 키 때문인지 매우 잘 어울렸다. 멋을 내고 그가 돋보이기엔 충분했다. 그는 양손을 청바지 주머니에 넣고 코트 자락을 엉덩이 뒤로 젖힌 채 당구대를 두리 번 거리더니 흡연실에서 제일 가까운 6번 당구대로 향했다. 우리 당구장에서 6번 당구대는 여러모로 인기가 좋은 자리다. 그 이유인 즉, 독립된 흡연실에서 가깝고 코너자리라 앉을 곳도 많기 때문이다. 단점이라면 워낙 많은 손님이 치는 당구대라서 당구대 천의 상태가 다른 당구대에 비하여 좀 낡은 듯 보이는 단점이 있다(아직 얼마 안된 새 천이지만). 코트를 벗어 옷걸이에 조심스럽게 건 남자는 미진을 바라봤다(아마도 공을 달라고 하는 듯 했다).

　순간 미진이 빛의 속도로 움직였다. 늘 그렇지만 오늘따라 유독 빠른 속도로 어느새 남자의 옆으로 다가간 미진은 남자를 올려 바라본다. 마치 순정소설의 소녀가 소원을 가득 품은 눈빛으로 두 손 모아 간절함을 담은 듯.

　"손님 필요한 것이 있으세요?"

　오늘따라 유독 콧소리를 내는 미진이 나는 좀 의아했지만 그러려니 했다.

　"네? 4구 주세요~"

　당황한 미진이 부끄럽게 웃는다.

"아! 네. 공 드려야죠. 호호호~"

당연한 손님의 요청에 난 괜한 웃음이 터져 나왔다. 평소와는 조금 다른 미진의 손님응대도 응대지만 지금 상황이 매우 코믹했다.

"미진아 무슨 생각을 한 거야? 설마 저 손님에게 반하기라도 한 거니?"

"..."

"미진아, 오늘 발렌타인데이니까! 손님들에게 초콜릿을 하나씩 서비스로 드리도록 해. 그리고 꼭 '해피발렌타이'라고 얘기해주면 좋겠어~"

"하하하, 꼭 그렇게 말 해야 해요?"

'해피발렌타이'라고 말하기가 어색했는지 미진이 다시 물었다.

"뭐 꼭 그런 건 아닌데 뭐라도 기분 좋은 말을 해주면 좋겠어."

"네 사장님, 하하하!"

"그런데 미진아 아까와는 웃음소리가 좀 다르네. 나 차별하는 거야? 저 키 큰 손님에게는 '호호호'하고 웃었잖아!"

난 슬쩍 미진을 놀렸다.

잠시 후, 미진은 당구대마다 돌아다니며 손님들에게 초콜릿을 하나씩 선물하기 시작했다. '오늘 발렌타인 데이에요~', '해피 발렌타인데이', '초콜릿 드세요~ 오늘은 제가 쏩니다~' 등등 다양한 멘트와 함께 손님들께 초콜릿을 돌리며 잔잔한 미소를 보냈다. 손님들도 뜻밖의 서비스에 기분이 좋았는지 초콜릿을 입에 물고는 연신 웃음을 잃지 않는다.

미진이 바구니 속의 초콜릿을 고르며 머뭇거린다. 이제 6번 당구대의 손님에게로 가서 초콜릿을 서비스해야 하는데 초콜릿을 만지작거릴 뿐 도통 움직이질 않는다. 한참을 망설이던 미진이 무언가 마음을 먹은 듯

6번 당구대로 향했다.

"손님! 초콜릿 하나 드세요~"

남자는 미진이 내민 초콜릿에 슬쩍 미소를 짓고는 "고맙습니다. 저만 주시는 건 아니죠?"

남자의 돌발적인 질문에 미진의 얼굴이 붉어졌다.

"아~ 네, 그건 아니지만 조금 특별해요!"

"네?"

"워낙 멋지세요!"

미진의 얼굴이 왜 붉어졌는지 20대의 감성을 난 잘 모르겠지만, 순간 내 20대 청년시절의 애틋하고 애절한 연애감정이 떠올랐다. 어쩌면 미진이 캐시미어코트의 손님에게 첫 눈에 반했을지도 모른다는 생각을 해본다. 발렌타인데이는 그런 것 같다. 사랑이 만들어지는 그런 날. 집에 돌아가면 아침에는 받지 못했던 나를 위한 초콜릿 한 상자가 있을지도 모른다는 기대를 한다.

'아직 난 사랑을 갈구하고 열망하는 40대다.'

오늘 같은 날 여자친구 없는 총각들과 일부 유부남들은 당구장에서 유독 벽에 붙은 '원 쿠션 걸어 치기(구멍)'를 많이 구사한다. 그러면서 킥킥대며 웃기도 하고 성공과 실패에 실없는 진한 성적 농담을 주고받기도 한다.

엄지 손가락을 '꾹꾹' 누른다.

"이런 너무 많이 발랐는데…"

짓눌려 딱딱한 굴곡을 느끼면서 부드럽게 위 아래로 쓰다듬고 눌러주고를 반복한다. 붉은 반점 옆으로 살짝 돌려 오른손 엄지손가락의 바깥부분에 힘을 주어 누르면 짓눌린 자국들이 미끈하게 벗겨진다. 난 장갑 두 개를 겹쳐 끼우고 당구공을 닦는 이 촉감이 참 좋다. 마치 첫날밤의 그 조심스런 설렘이라면 과장된 것일까? 오늘따라 노랗게 멍들어 있는 당구공의 반점들이 마치 내가 사랑하는 그녀의 가슴에 새겨 놓은 멍 자국 같아 마음이 씁쓸하다. 조심스럽고 부드럽게 쓰다듬어 당구공을 닦는다.

　어느덧 새벽 2시가 됐다. 손님은 한 팀. 난 멍하니 그들을 바라보고 있다. '아, 집에 가야 하는데'라고 푸념을 해보지만 이미 늦었다. 1시 30분 쯤 들어온 저들의 게임이 끝나기 위해서는 아직도 최소한 20~30분은 더 기다려야 한다. 잠시 푸념을 뒤로하고 저 1팀에 대한 손익계산을 해 봤다. '내 인건비 (시간당 7,000원) + 월세(시간당 5,000원) + 음료수 (700원) + 전기세(1,000원)' 그런데 저 손님들의 게임요금은 9,000원 이다. '손·해·다' 순간 난 고민을 했다. '저 손님들 다음부터는 이 시간에 오지 말라고 할까?' 그런 생각도 잠시, 생각해 보니 저 손님들이 낮에도 자주 오는 손님들이라 그렇게 말 할 수도 없다. 단순계산으로는 분명 손해 보는 장사고 난 다음날의 피곤함을 어쩔 수 없이 감수해야 만 한다.

　다음 날 난 '영업시간은 새벽 2시까지입니다'라는 안내표지를 붙였다. 새벽 손님 1팀으로 인해 다음날 손님들에게 피곤한 모습과 그로 인한 소홀함을 주는 것은 더 큰 손해라고 판단했다. 이후 손님들은 새벽 2시 전에 자연스럽게 게임을 종료하는 배려를 해주었고, 난 정해진 영업시간에 좋은 컨디션으로 더 친절한 서비스를 할 수 있었다.

지난 새벽, 오랜만에 그녀의 목 밑으로 팔을 넣고는 지친 몸을 기대었다. 따듯하고 포근한 그녀의 살 냄새에 가정을 지키는 태권V의 뿌듯함과 함께 안도의 숨을 쉰다.

"여보, 손에서 알코올 냄새가 나요~"

잠결에서 깬 그녀의 말에 나는 얼른 엄지 손가락을 코 끝에 데곤 냄새를 맡아 봤다. '피칼(당구공을 닦는데 사용하는 약품)' 냄새였다. 하루 종일 닦아 낸 당구공의 노란 멍 자국이 생각이 났다. 순간 나도 모를 서러움에 눈물이 왈칵 쏟아질 것만 같다. 들키지 않으려 배게 밑 오른팔을 침대 끝으로 뻗고는 잠이 들었다.

DAY 7 **2월 16일**

Ch1, Ch2, Ch3 스마트폰 CCTV어플 속 당구장 화면을 반복적으로 돌려본다. '어디에도 없다'. 화면을 확대하고 구석구석을 찾아보지만 내가 찾는 주간근무 직원의 모습이 보이질 않는다.

"이 녀석 어딜 갔지? 왜 화면에 안 보이지?"

투덜대는 듯한 나의 푸념에 점심을 준비하던 나의 그녀가 한마디 던진다.

"어딘가에서 청소를 하겠죠~"

"아니야 내가 10분째 보고 있는데 이 녀석 어디에 있는지 도통 보이질 않아!"

조금은 짜증이 섞인 내 푸념에.

"여보, 화장실이라도 간 거 아닐까? 아님 주방 안에서 설거지를 하고 있을 수도 있고요!"

"그런가? 그런데 우리 당구장의 매뉴얼에는 지금 바닥 진공청소를 마치고 당구대 상판을 물걸레로 청소해야 할 시간이야! 왜 정해진 대로 안 하는지 알 수가 없네!"

"일단은 너무 예민하게 그러지 말고 식사하세요~"

(지난 새벽의 서러움 탓일까? 유독 예민한 나의 모습이 어색했다.)

개업 초기에 당구장 운영의 원칙을 정하고 근무자 별로 각자의 업무내용을 시간 순서에 맞게 정의한 매뉴얼을 만들고 직원들과 실습을 했었다. 각자의 업무가 명확하게 지정되어 있어서 직원들도 오히려 좋아했다. 그런데 오늘 매뉴얼대로 이뤄지지 않는 주간근무자의 모습에 짜증과 걱정이 밀려오기 시작했다.

평소 출근시간보다 조금 일찍 당구장으로 나선 난, 당구장에 들어서자마자 당구장 곳곳을 둘러봤다. 바닥청소는 됐는지, 당구대는 깨끗한지, 흡연실에 담뱃재는 없는지, 전날 매출액의 은행 입금은 정상적인 시간에 입금이 됐는지 등등. 오전근무자가 해야 할 업무들을 꼼꼼히 챙겨보기 시작했다. 매의 눈으로 점검한 당구장은 다행히 별 이상이 없다.

"영민아, 혹시 어디 아프니?"

별로 꼬투리를 잡을게 없던 난 CCTV 속에서 사라진 '영민'의 행적을 캐기라도 하듯이 물었다. CCTV속에서 사라진 이유를 묻기엔 좀 어색하기도 하고, 뭔가 미안하기도 하고, 감시자의 인상을 줄 것이 분명했다.

"네?"

뜬금없는 질문에 영민이 반문한다.

"오늘 네가 이상하게 힘이 없어 보이고, 뭔가 표정이 안 좋아 보여서."

애써 변명을 하는 날 의식했는지 영민이 웃는다.

"사실 어제 여자친구와 매운 닭 발을 먹었더니 계속 설사를 해대는 통에 다리가 좀 '후덜덜' 해요~"

"아, 그랬니? CCTV에서 네가 사라져서 사실 여러 가지로 걱정했다."

나도 모르게 감시자의 속을 털어놔 버렸다.

"앗! 사장님! 설마 화장실에도 CCTV가 있는 건 아니죠? 하하하, 걱정 안 하셔도 돼요!"

"알았어. 그래도 CCTV는 내 취미니까 자주 볼 거야~!"

"하하하, 넵!"

당구장에 없는 시간에 내가 CCTV를 수시로 확인하는 이유는 단순히 직원들의 근무태도를 감시하기 위한 것만은 아니다. 내 의도는 내가 당구장에 없는 시간에도 손님들이 드나드는 상황과 손님들의 형태(연령, 종목)를 파악하여 영업에 활용하는 것이 주된 이유다. 물론 직원들의 근무태도를 확인하는 것도 이유 중에 하나인 것을 애써 부인하지는 않는다. 그러나 직원들의 입장에서는 '늘 누군가가 보고 있구나!'라는 불편함을 갖는 것은 어쩔 수가 없다.

당구장 창업을 본격적으로 준비하던 겨울, 당구장을 할 좋은 자리를 찾기 위해 집에서 1시간 내의 거의 모든 동네를 모조리 뒤졌다. 건물에 붙은 현수막을 따라 전화를 하기도 하고, 부동산을 다니며 알아보기도 했다. 그 많은 상가들 중 지금의 자리를 정한 이유는 오직 하나! '면이 좋다'라는 이유에서다. '저 창에 불 빛이 들어오면 한 눈에 확 보이겠다!'라는 것. 그리고 주차. 동네의 다른 당구장들에 비해서 동네사람들이 북적대는 위치는 아니었기에 주변의 걱정이 있었지만 난 확신이 있었다. 그런데 지금 그 확신이 조금씩 무너지려 하고 있다.

인근의 당구장들은 분명 손님이 많을 시간일 저녁 7시, 내 당구장에는 사람이 없다. 우리뿐. 울리지 않는 방울을 서로 눈치 보며 힐끗 거릴 뿐이다.

그래도 다행인 것이 직원들은 방울소리와 함께 당장 손님에게 달려갈 준비태세로 의자에서 엉덩이를 반쯤 뗀 상태로 대기 중이며, 난 출입구 쪽을 바라보며 걸레질을 하고 있다는 것이다.

2월 17일

180cm, 90kg쯤 돼 보이는 50대 중반의 남자가 방울 소리를 요란하게 내며 들어왔다. 체구가 있다 보니 당구장 출입구 강화도어를 여는 액션도 크다. 방울소리도 특히나 크다. 마치 어린아이가 방울을 계속 흔드는 듯한 느낌이다. 당구장을 두리번거리던 그가 큐를 고른다. 안경너머로 큐를 유심히 내려다 보면서 양 미간에 힘주어 인상을 쓴다. 아니 인상을 쓴다기보다는 집중해서 자신이 원하는 큐 팁의 모양을 보는 것이 아마도 맞는 것 같다.

"손님, 혹시 큐가 별로 맘에 안 드세요?"

(평소 큐의 청결과 손질에 신경을 많이 쓰고 있고 새것이라서 마음에 안 들리 없지만 '그렇게 묻기로' 매뉴얼에 돼있다.)

"다 새것이라서 뭐 좋군요! 팁 모양도 마음에 듭니다."

퉁명스럽게 큐를 하나 고르고는 내게 고무그립을 하나 끼워줄 것을 부탁했다.

"잠시만 기다리세요~"

카운터 위에 검정, 녹색, 파랑, 하얀색 그립을 늘어 놨다. 난 30cm 길이의 고무그립 색을 선택하는데 꽤나 오랜 시간이 걸렸다. 흰색 목 티에 청바지 그리고 흰색 로고가 선명한 파란색 나이키운동화를 신은 저 남자에게 어울리는 그립의 색상을 정해줘야 했다. 언제 또 올지 모르지만 개인 큐를 만들어 달라는 그에게 오늘 하루만큼은 복장에 어울리는 깔맞춤을 해줘야겠다는 생각이다.

"손님, 파랑이 좋겠어요! 신발과 그립 색이 아주 잘 어울릴 것 같습니다. 제가 시각디자인을 전공 했는데, 오늘 손님 복장과 이 색이 '오늘의 게임행운'을 불러일으킬 만큼 잘 어울립니다. 이거로 하시죠!" (사실 난 시각디자인 전공자가 아니다. 기계공학을 전공하고 평범한 직장생활을 했을 뿐이다.)

"아! 그래요? 그럼 그것으로 해줘요. 마침 내 운동화 색과도 잘 맞는군요~"

별 신경 안 쓴다는 듯이 손님은 소심한 유머로 나의 추천에 동의 했다. 그리곤 멋진 파란색 한밭 55호 큐를 들고는 파란색 당구대에 엎드리고, 빨강색 점이 박힌 흰 공의 아랫부분을 겨냥한다.

아메리카노 한 잔의 진한 향을 맡으며, 영민에게 한마디 했다.

"앞으로 손님의 복장과 옷 색깔과 맞춰서 그립을 추천하도록 해! 그럼 손님이 좀 더 만족스러워하지 않을까? 나 쫌 센스 있지 않니?"

너스레를 떨듯이 우쭐하며 말했다.

"사장님, 근데 손님이 날마다 옷이 다르잖아요! 다음 번에 올 땐 깔 맞춤이 안 되잖아요~ 하하하!"

"그렇구나!"

난 영민의 의표를 찌르는 지적에 동의했다.

"그렇지만 오늘 하루의 서비스라 생각하고 해보자!"

"네! 하하하!"

난 그렇게 생각했다. 별거 아닌 서비스지만 '그 순간의 만족도를 높이는 최선을 다 해보자'라는 생각이다. 흰 색이건, 빨간 색이건, 파란 색이건 그건 중요한 게 아니다. 손님을 배려하는 생각과 행동이 만족도를 높이고, 내 당구장에 대한 좋은 인상을 갖게 한다는 생각이다.

::: 큐 그립에 대한 나의 생각

난 당구장을 창업하기 이전부터 당구장에 비치된 큐들에 고무그립이 높낮이가 다르게 끼워져 있는 것이 참 눈에 거슬렸다. 곳곳에 그립이 찢어진 채 비치된 큐들도 맘에 들지 않는다. 뭔가 정돈되지 못한 불편한 불안감이 들었고 누가 잡았는지도 모르는 고무그립에 낀 검은 '떼'가 참 싫었다. '저렇게 줄도 못 맞추고 깨끗하게 관리하지 못할 거라면 뭐 하러 저걸 저렇게 끼울까?' 하는 관리자적인 입장에서의 생각을 했던 적이 있다.

분명 큐 그립은 당구를 치는데 있어서 기술적 요소를 구사하는데 반드시 필요한 부속임에 틀림이 없다. 그러나 관리적인 입장에서는 그다지 효율적이지 못하다. 난 그 관리와 유지를 위한 효과적인 방법이 필요하다고 생각했다.

그 방안으로, 모든 큐는 큐 그립을 끼우지 않고 비치했으며, 큐 그립을 찾는 손님에게는 직접 끼워주고, 손님이 퇴장하면 다시 빼서 보관하는 방법을 선택했다. 그 결과로 처음엔 조금 귀찮은 일들이 많았지만, 큐 그립을 원하는 대부분의 손님들은 개인 큐를 만들어 비치하고 또 그 손님들은 자연스럽게 고정 단골이 되는 좋은 결과를 가져왔다.

2월 18일

햇살이 따듯하다. 무작정 밖으로 나가고 싶어지는 햇살의 따사로움에 감옥 같은 나른함이 밀려온다. 눈을 지그시 감고 크게 기지개를 켜며 숨을 크게 들이마셨다. 순간, 난 개나리가 만개한 '청계산' 산책로를 상상하며 걸었다. 파릇한 새싹이 온 숲을 덮을 듯 풍성하고, 진노랑 개나리가 피고, 이름 모를 연분홍의 꽃잎이 입을 벌리고 있다. 머리 위 낮은 하늘엔 나비가 바람을 이마로 불어준다.

'봄이다!'

눈을 떴다.

눈 앞엔 8개의 파란 천이 깔린 당구대가 있다. '카톡', '카톡' 노랑색 바탕의 SNS메시지가 떴다. 내 그녀의 메시지다.

"여보, 오늘 날씨가 참 좋아!"

답을 할 수도 '1'을 섣불리 지울 수도 없다.

"여보 오늘 같은 날은 드라이브가 참 좋겠다. 그렇지?"

'1'을 지우지 않는다.

"바쁜가 봐?"

'1'을 지우지 못한다.

현실이다!

난 아무 말을 할 수가 없었다. '날씨가 참 좋아!' = '놀러 가자'라는 뜻으로 읽혔고 난 그럴 수 없는 상황이다. 괜히 그녀의 말에 동조했다가는 뼈도 못 추릴게 뻔했기에 여지를 두지 않았다. 잠시 뜸을 들인 난. 노랑색 SNS메시지 창에 이렇게 남겼다.

"어, 손님 들어온다. 이따 얘기해!"

한동안 SNS의 '1'은 사라지지 않았다.

지워지지 않는 '1'의 무거운 침묵시위를 견뎌야 하는 현실이 화나고 힘들다. 난 주말을 반납해야 하는 당구장 사장이다. 이런 날은 하루 종일 마음이 무겁다.

아내에게

여보, 요즘 나 때문에 흐트러진 생활로 인해 많이 힘들지? 조금만 참아줘요. 지금 내가 이렇게 주말을 반납하고 당구장에서 장사에만 집중하고 있는 이유는 사랑하는 가족과의 행복을 위해서랍니다. 이런 말이 당신에게 큰 위로가 되지 못할 거라는 것을 잘 알지만, 내 마음은 항상 사랑하는 당신과 아이에게 있어요. 그리고 당신이 가족이 지금의 어려움을 이겨나가는 내 가장 큰 힘이기도 합니다.

내가 당구장을 창업할 거라고 처음 당신에게 이야기하고 허락을 받던 한강변에서 당신의 따듯한 손으로 뱃살 어루만지던 그 때가 떠오릅니다.

고맙고 사랑합니다.

당구장이 좀 더 안정되면 우리 함께 두 손 꼭 잡고 노란 개나리가 만개한 이 봄을 함께합시다.

사랑합니다.

2월 19일

어제의 일로 토라진 듯한 그녀는 점심을 준비 중이다. 술을 잔뜩 마시고 온 손님들이 영업시간을 무시한 체 게임을 연장하는 바람에 어쩔 수 없이 새벽 5시에야 집에 들어 온 난, 지금 몸이 너무나 무겁다. 눈은 떴지만 침대를 박차고 일어날 정신이 아니다. 아내는 이런 날 애써 깨운다. 걱정과는 다르게 입술을 내 귓가에 대고는 밝고 앙칼진 듯 귀여운 목소리로 그러나 식탁으로 빨리 올 것을 재촉한다.

"여보, 힘들겠지만 식사는 하고 더 자도록 하세요~"

움직여야 한다! 지금! 만약 바로 일어나지 않는다면 어떤 보복이 올지도 모른다는 불안감일까? 이불을 걷어차고 바로 일어났다.

"응, 얼른 세수만 하고 올게! 몸이 너무 힘들다."

식탁 앞에서 CCTV를 켰다.

토요일과 일요일을 책임지는 아르바이트생 준호가 열심히 당구장을 청소 중이다. 안도의 한숨을 쉬곤 식탁의 반찬을 살피곤, 녹색 빛이 감도는 파래 김이 들어간 짭조름한 계란말이를 한 입 크게 배어 물었다.

"와~ 이거 너무 맛있는데! 당신 계란말이는 언제나 최고야! 하하하"

그리곤 아내의 눈치를 슬쩍 살피고, 어제 당구장에서 있었던 이야기를 조잘조잘 시작했다. 당구장에 대한 손님들의 반응, 일하는 친구들과의 일상 등등.

"여보, 우리 당구장 말이야, 장사가 아주 잘 될 것 같아! 어제는 처음으로 30만원을 넘게 찍었어! 하하하. 그리고 말이지, 이제 손님들이 당구장에서 담배냄새 안 난다고 참 좋아들 해. 또 말이지 술을 안 먹으니 조용하고 당구에만 집중할 수 있어서들 참 좋다고 해."

"…"

그녀는 아무 말 없이 계란말이 하나를 흰 쌀밥이 담긴 내 그릇에 올려주었다.

당구장 창업했어요

"여보, 이제 손님들이 우리 당구장에 낮 밤으로 자주와! 단골도 생겼어. 하하하!"

"..."

그녀는 여전히 아무런 말이 없다.

"여보, 그리고 말이지 어제는 한 손님이 우리 당구장처럼 시설과 서비스가 좋은 당구장이 없다고 칭찬을 했어. 그리곤 고가의 자기 개인 큐를 보관하고 갔어! 하하하, 아마 그 큐가 내가 알기로는 100만원이 넘을 거야! 손님들 반응이 너무 좋아! 곧 40만원, 50만원 할 것 같아!"

"..."

그녀가 아무 말이 없다. 그저 내 밥 그릇에서 계란말이가 떨어지지 않게 올려주기만 할 뿐이다. 침묵의 식사를 마치고 계란말이가 담겼던 파란색 빈 그릇만 남았다.

침묵을 지키던 그녀가 드디어 말 문을 열었다.

"여보, 안정되면 주말은 가족과 함께 보내는 시간을 만들었으면 해요."

"..."

나의 침묵이 시작 됐다.

"지금은 이해할게요. 당신도 어쩔 수 없다는 것을 잘 알아요. 그리고 당신 믿어요. 언제나 당신은 최선을 다 한다는 것도 잘 알아요."

"..."

"그런데 건강은 챙겨야죠. 지금처럼 그러다가는 쓰러져요!"

"..."

"그리고 아이가 아빠 눈 뜬 얼굴을 잊겠어요. 그래도 전 새벽에 잠든 당신을 보고 이렇게 식사도 같이하지만, 아이는 당신과 함께하는 시간이 없어져서인지 요즘 부쩍 말수도 줄고 저녁이면 늘 당신을 찾다 잠들어요."

그녀의 차분한 요청에 난 아무런 말도 아무런 약속도 할 수가 없다. 그러고 보니 난 '딸 바보'였는데. 아내의 따뜻한 충고와 바램이 가슴에 깊게 와 닿는 아침이다.

현관문을 열고 엘리베이터 버튼을 눌렀다. 나를 태우기 위해 지하 1층에서 24층까지 올라오는 엘리베이터 도르래의 무게를 다 받는 듯했다. 무겁다. 일요일, 난 가게로 향한다.

::: 봄이 온다

아직은 밤공기가 조금 쌀쌀하지만, 순간의 따뜻한 햇볕에 이른 봄나들이를 생각하고 설레기 마련이다. 어제 오늘처럼 햇살이 따뜻한 날엔 특히! 사랑하는 그녀와 어느 한적 한 카페에 앉아 아이스크림이 가득 올라간 커다란 '라떼' 잔에 두 개의 빨대를 꽂고 뉴욕치즈케이크 한 조각을 서로의 입술에 바르며 함께 듣는 재즈 한 소절의 여유가 간절하다. 그 행복이 간절하다. 어쩌면 당구장을 하고 있는 동안은 불가능한 희망일지도 모른다. 최소한 이 봄이 가기 전에는.

당구장 창업했어요

2월 20일

"영민아! 우리 청소 좀 할까?"

약간은 퉁명한 사무적인 말투로 직원에게 대청소를 제안했다. 개업 전, 나는 한가한 월요일 낮 시간을 대청소 하는 날로 미리 잡아두었다. 장사경험은 없지만 분명 주말손님들의 잔해들이 가득할 것이라는 예상과 함께, 새로 시작되는 일주일을 위한 매장정비를 깔끔하게 하는 것을 계획했다.

"사장님, 그럼 뭐부터 시작할까요?"

영민이 걸레를 들고 물었다.

난 미리 정해둔 대청소 리스트를 펼쳤다.

"영민이는 외부 유리창문과 현관 유리문을 시작으로 해서 당구장 내부의 유리로 된 부분들을 좀 닦아줘~! 난 당구대 발 통을 닦는 것부터 시작을 할게."

2층의 통 유리창을 활짝 열자, 봄볕을 따뜻하게 머금은 바람이 당구장을 맴돌아 '송골'하게 맺힌 이마의 땀방울이 금새 살아온 40여년의 세월만큼 넓어진 나의 모공으로 스며들어 이마와 얼굴전체에 윤기를 만들었다.

"사장님, 혹시 집에서도 이렇게 열심히 청소 하세요?"

유리를 닦던 영민의 뜬금없는 질문이다.

"나? 당연하지! 집안청소는 내 담당이야~"

난 영민의 질문에 자신있게 대답을 했지만 사실 집에서 진공청소기를 잡아 본지가 언제인지 기억이 나질 않는다. 아마 첫아이가 태어난 이후 어느 날부터 손을 놨던 것 같다. 그런 내가 지금 걸레를 들고 당구대를 닦고, 바닥을 쓸고, 먼지를 쓸어내는 모습이 참 신기하기도 하면서 집안에 있는 그녀에게 조금은 미안해지는 마음이 든다.

1주일에 한 번씩 하는 대청소 날에는 평소에 자주 하지 못하는 환풍구, 당구대 발 통, 카운터 서랍 속, 음료창고, 냉장고 속 등을 집중적으로 청소하는 것으로 정했다.

손님 없는 월요일 낮 시간은 하품이 저절로 나온다. 청소를 마친 뒤의 노곤함과 봄바람 그리고 알 수 없는? 예견 된? 불안감이 몸 속의 장기들에 전달되고, 뇌의 이상작용으로 몸 속 피에 이산화탄소가 과다하게 생성되면서 알 수 없는 하품을 유발한다. 누군가 나의 이런 모습을 본다면 할일 없고 따분하기 그지없는 당구장 주인으로 비춰질게 분명하다. 그렇게 하루가 마감이 되고, 오늘의 매출은 123,000원이다.

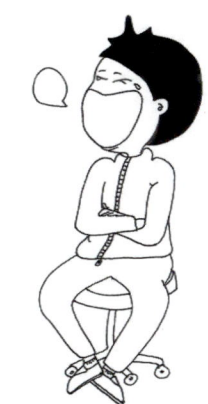

개업 초기의 월요일. 선방 했다고 해야 하나? 불안하고 초조하기 그지없는 잔인한 월요일이 그렇게 지나갔다. 이런 날이 이번 주는 오늘이 마지막 이길 간절히 기도한다.

::: 담배스티커

'탁탁탁' 담배각을 뒤집어 두들기고는 봉인된 비닐을 벗겼다. 그때 '아하 바로 이거다!'라고 번뜩이는 아이디어가 떠 올랐다. 그것은 바로 담배각의 혐오그림을 가리는 스티커를 만들어 배포하는 것이다. 완벽하게 흡연자인 나는 늘 혐오그림을 혐오한다.

오늘은 폐암 한 갑을 피우는 군!

오늘은 간암을 피우는 군!

오늘은 가족을 버리는 군!

오늘은 성기능을 파괴하는 군!

이런 혼잣말로 담배를 사곤 했다(음~ 그나마 성기능 저하를 나타내는 그림은 좀 안심이다. 어차피 당구장을 시작한 이후로 자의 반 타의 반으로 그 기능이 별로 필요가 없어졌기 때문이다).

하여간, 당구장을 적극적으로 홍보할 방법이 뭐가 있을까를 몇 일째 고민했었다. 그러다 완벽히 좋은 아이디어를 생각해 낸 것이다. 아이러

니하게도 담배를 피우면서.

난 바로 실행에 옮겼다.

당구장 이름과 로고를 세긴 심플한 디자인을 하고 바로 스티커제작 업체에 1,000장을 주문했다. 다음으론 흡연실과 카운터에 사용법 예시의 담배를 비치해서 안내하고, 흡연자인 나의 생각을 손님들에게 일일이 전달했다.

그 효과로 흡연자 손님들의 반응이 매우 좋아서, 당구장에 올 때마다 여러 장의 스티커를 가져갔으며, 흡연자들에게도 당구장에 대한 좋은 이미지를 갖게 했다. 그리고 그들은 담배를 피울 때마다 내 당구장을 떠올리게 될 게 분명하다.

그때 알았다.

장사라는 게 이런 작은 배려의 연속이라는 것을 말이다.

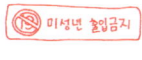

한 무더기의 아이들이 당구장 문을 열고 들어왔다. 왁자지껄하게 소란을 피우며 자리를 잡은 아이들은 들어오자마자 당구대 두 대에 나뉘어 초크를 칠한다.

"얘들아 혹시 몇 살이니?"

딱 봐도 중고등학생처럼 보이는 아이들 중 하나에게 물었다.

"저 고3이에요. 왜요?"

여기가 술집도 아닌데 왜 자신의 나이를 묻는지 의아해 한다.

"미안하지만 우리 당구장은 '미성년자 출입금지' 당구장입니다. 정말 미안하지만 다른 당구장으로 가면 좋겠어요"

나는 정중하게 그리고 낮은 톤의 근엄한 목소리로 퇴장을 권했다.

"네? 그런 게 어디 있어요, 지난번에도 저희들 와서 당구를 쳤는걸요!"

그 중 한 아이가 따지듯 물었다.

"그래요? 우리 직원들이 나 없을 때 원칙을 모르고 손님을 받은 것 같아요. 미안하지만 오늘부터는 안돼요. 나중에 부모님과 같이 와요. 그때는 자리를 내줄게요!"

나의 단호함에 아이들은 투덜거리며 돌아섰다. 공도 없는 당구대는 이미 초크가루가 날려있고, 큐들은 어지럽게 여기저기 세워졌다. '2만원 버렸네!' 어지럽혀진 것들을 치우면서 나도 모르게 내쫓은 두 테이블의 매출을 아쉬워하는 나를 발견했다.

"사장님, 왜 굳이 미성년자 출입을 금지해요? 요즘은 당구가 스포츠고 아이나 어른이나 우리 당구장 같은 좋은 시설을 이용할 수 있는 혜택을 누리게 해야 하는 것 아닌가요?"

모든 광경을 지켜본 영민이 정색하고 따지듯 물었다.

"음, 그래. 일리 있는 이야기야. 그런데 내 생각은 좀 달라!"

"네?"

"우린 8대의 작은 당구장이야, 아이들이 많아지면 나이가 좀 있는 성인들은 좀 불편할 거라고 생각해. 서로의 언어구사 방식이 다르고, 당구를 즐기는 방식도 달라. 만약 우리가 대형당구장이었으면 좀 다를 수 있는데, 우린 함께 섞여 있어야 하는 구조라서 어쩔 수가 없는 것 같다."

"음, 맞는 말씀이세요. 그래도 좀 아쉬워요. 사실 하루에도 몇 팀씩이나 왔다 가는데 개업초기에 손님을 보낸다는 게 너무 아쉬워요~"

영민이 삐죽거리며 아쉬움과 공감을 동시에 표현했다.

"맞아! 그래도 우리 의지 있게 우리가 정한 원칙과 방향을 지켜가자.

한 번 타협을 시작하면 원칙은 무너지게 돼있어!"

"네, 사장님!"

::: 내 당구장의 미래 상상

당구대에 손님들이 1:1로 게임에 집중하고 있다. 상대의 득점에 이마의 3자 주름이 깊어지고 심호흡을 깊게 한다. 애써 상대의 득점장면을 피하고 싶은 마음에 옆 당구대의 상황으로 고개를 돌리지만 시선은 어쩔 수 없이 상대의 득점장면에 쏠린다. 넓은 격자창으로 나뉘어진 휴게실에서는 한 명의 남자가 잡지를 보며 커피 한잔을 마시고, 그 옆 모르는 남자는 노랑색 벽에 걸린 TV에서 송출되는 당구경기에 집중한다. 그러다 옆에 앉은 남자가 보고 있는 잡지 속 시계에 관심이 있는 듯 눈을 흘깃 한다. 흡연실의 넓고 푹신한 회색 소파에 축 늘어져 앉는 추리닝 차림의 남자가 담배연기를 훅 하고 뱉는다. 연기는 이내 동그란 배기구를 통해 사라진다.

"손님, 이거 좀 드세요! 저녁때가 돼서 제가 카레를 좀 만들어 봤어요!"

손님은 기쁘게 카레 접시를 받아 들고는 한 숟가락을 듬뿍 떠 입으로 가져간다.

"와! 이거 너무 맛있는데요. 이거 팔아도 되겠어요!"

"하하하, 그래요? 그럼 좀 만들어 팔아볼까요?"

당구장 주인은 손님과 친근하게 너스레석인 농담을 주고 받는다. 퇴근 후 지친 하루를 마감하기 위해 잠시 들러 TV도 보고 당구도 즐기며 인자한 주인인 나와 함께 담소를 나누는, 그런 당구장.

내 상상 속 미래의 당구장이다.

세월을 받아들인 새치와 흰 머리가 공존하는 인자하고 친절한 당구장 주인인 나의 모습이다.

이상하게 큐(cue)는 매번 손질을 하는데도 지저분하다는 느낌이 든다. 손님이 사용하고 난 뒤와 영업을 마감할 때 전체를 손질하는 데…. 참 이상하다.

"영민아, 우리 열심히 큐 손질 하는데. 왜 이렇게 큐가 지저분해 보이지?"

"네? 제가 보기엔 깨끗한데요. 사장님이 좀 예민하신 거 아닐까요?"

유독 선하고 큰눈을 가진 영민은, 깜박이듯 실눈을 뜨며 큐를 뚫어지게 한참을 바라봤다. 아무리 봐도 별 이상이 없다는 눈치다.

"그런가? 그런데 난 큐에 묻은 저 파란색 초크들이 눈에 자꾸만 거슬려! 저거를 새것처럼 만들고 싶어!"

난 큐 꽂이에 들어가 있는 큐 끝의 파란색 점을 보면서 질책하듯이

69

이야기 했다.

"아까 분명히 닦아놓았는데 이상해요."

"그래?"

"제가 다시 확인해서 닦을게요!"

나의 질책에 시무룩해진 영민은 줄(큐 팁을 갈아내는 공구)과 파랑 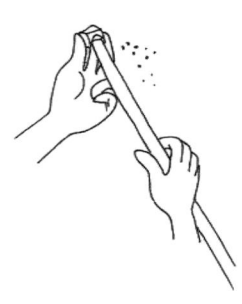 걸레를 들고 큐가 꽂혀있는 당구대로 향했다. 녀석이 분명 열심히 손질해서 꽂아놨는데, 큐가 계속해서 지저분해지는 이유를 알 수가 없었다. 녀석의 성격상 하지 않은 일을 했다고 핑계대지 않는 다는 것을 난 누구보다도 잘 안다.

난 손님들의 행동을 한동안 유심히 보기 시작했다.

'아! 저거구나!'

손님이 당구를 치는 도중에 큐를 여러 번 바꾸는 것이 눈에 들어왔다. 왜 자꾸 큐를 바꾸어 드는지 손님의 입장에서 생각을 해봤다.

단순히 이 큐로는 당구가 잘 안맞는 것일까?

큐 팁의 모양이 마음에 안 드나?'

등등.

"영민아! 영민아!"

다급하게 불렀다(신대륙이라도 발견한 것처럼).

"네, 사장님!"

한참 큐를 닦고 있던 영민이 달려왔다.

"당구장에서 뛰지 말랬지? 뛰나 걸으나 비슷해 굳이 뛰지는 말아. 하하하, 부산스럽기만 해!"

머쓱해 하며 날 멀뚱하게 날 쳐다 본다.

"영민아! 내가 알아냈어! 우리가 그렇게 열심히 손질하고 관리를 했는데도 큐가 더러워지는 이유를 드디어 알아냈어!"

"그래요? 사장님! 이유가 뭔데요?"

"저기 저 손님을 봐! 지금도 큐를 또 바꾸러 가고 있어. 아까도 몇 번 안 쳤는데 큐를 바꾸더라고. 아마 오늘 당구가 잘 안 되는 모양이야"

"아, 그래요? 그래서 큐에 초크가루 묻은 것들이 곳곳에 있었던 거군요!"

"응, 아마 저 손님뿐 아니라 다른 손님들도 그런 경우들이 종종 있었을 거야. 게임 도중에 큐를 바꾸는 이유야 여러 가지겠지만 큐가 수시로 더러워지는 이유가 분명해졌어!"

나의 발견에 난 뿌듯했다. 사실 초보 당구장 사장인 나의 미숙함이지만 기뻤다.

"사장님 그럼 제가 중간중간에 비치된 큐들을 한 번씩 돌아보며 초크가루가 묻어있는 지저분한 큐들을 수거해서 정비를 하겠습니다."

"그래? 그러자. 조금 수고스럽겠지만 큐는 당구장의 기본이니까 우리 좀 더 신경을 쓰도록 하자! 그리고 영

민아 저녁근무자에게도 이야기 하겠지만, 저렇게 큐를 여러 번 바꾸는 손님이 있을 때에는 우리 한번 물어보고 개인 큐를 만드실 것을 권하는 것을 매뉴얼에 넣어보자!"

"아! 그거 좋겠는데요. 그럼 손도 훨씬 덜 가고, 손님도 원하는 팁 모양과 큐 무게를 선택할 수 있으니 훨씬 좋겠는데요."

"그래 그럼 그렇게 하도록 하자!"

::: 손님이 큐를 여러 번 바꾸는 행동을 할 때의 요령

1. 손님의 당구대로 다가가서 묻는다.

"손님, 큐가 마음에 안 드세요? 아니면 팁 모양이 잘 안 맞으세요?"

2. 개인 큐를 만드시겠어요?

"손님 마음에 드는 큐를 골라주세요. 저희가 항상 손님에게 최적화된 큐 모양으로 손질을 해 놓겠습니다!"

"당구장에 있는 어느 큐나 골라서 주시면 개인 큐 장에 이름표를 붙여 보관하겠습니다."

'딸랑 딸랑' 강화도어를 힘차게 밀고 백발의 손님이 들어왔다. 며칠 전 파랑 색 그립을 끼워 개인 큐를 만들어준 손님이다. 지금 시간은 낮 3시, 아직 나의 근무시간은 아니다. 그저 아직은 초반이라 원래 근무시간인 5시보다 먼저 나와 이것저것 점검을 하고 있던 터다.

난 얼른, 국제식 대대에 공을 가지런히 배열해주었다. 그리곤 빠르게 개인 큐 장으로 달려가 손님의 파란색 그립이 끼워진 큐를 대령했다.

"손님, 제가 큐를 깨끗이 정비 해놨습니다."

그리곤 슬쩍 그의 눈을 봤다.

"아! 맞다, 지난번에 큐를 만들었었지? 마음에 드는걸!"

"하하하, 제가 큐 손질 조금합니다. 그런데 오늘은 혼자 오셨네요? 일단 일행 분 오실 때까지 편하게 연습하세요!"

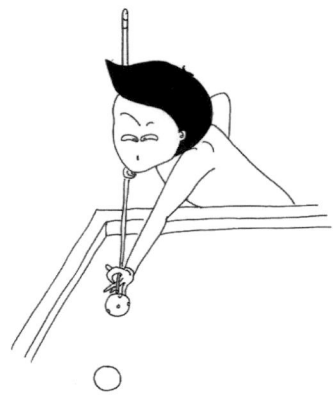

"아니야, 주인장 나랑 한 게임 할까?"

손님은 자신 있으면서도 근엄한 표정으로 내게 도전장을 내밀었다. 오른쪽 입술이 오르락 내리락 하는 그의 얼굴엔 장난끼와 알 수 없는 승부사의 여유 같은 것이 느껴졌다.

"그럴까요? 저는 25점입니다. 손님은 몇 점 치시죠?"

난 망설이듯 게임에 응했다. 한가한 낮 시간이니 이 손님과 게임도 하면서 충실한 단골로 만들어야겠다는 마음이었다.

"주인장 난 22점인데, 한 수 배웁시다! 하하하"

손님의 말투엔 자신감이 넘쳤다. 말처럼 배우겠다는 겸손은 찾아보기 힘들었다.

"초구는 손님께 드릴게요~"

자신감 넘치는 나의 양보에 손님의 공격이 시작 됐다.

"1점, 2점, 3점, 4점, 5점, 6점 치셨습니다!"

"1점, 2점, 3점 치셨습니다!"

"1점, 2점, 3점, 4점, 5점 치셨습니다!"

시작과 동시에 3이닝 동안 난 그의 득점을 세어주는 데 많은 시간을 할애했다. 손님이 득점하는 1점을 세는 동안 잊고 있던 당구인의 숨결이 숨가쁘게 올라온다. 큐를 쥔 오른손은 이미 땀으로 뻑뻑해졌다.

'17 vs 13'

"5점 남았습니다!"

난 엄지와 검지에 침을 바르곤 콧등 양쪽의 눈 끝을 지긋이 눌렀다. 눈물샘으로 상기된 숫자가 지나가고 '나머지 4점', '나머지 3점'을 외쳤다.

눈가의 침이 만들어 내는 수분의 경련이 채 가시기도 전에 그렇게 승부가 마무리가 됐다.

"주인장, 미안하네. 오늘 이상하게 당구가 잘 맞는 걸! 하하하, 큐가 좋은가?"

백발의 손님은 환한 미소를 지었다.

"네, 하하하! 저도 즐거운 게임이었습니다. 근데 사장님 너무 잘 치세요."

형식적인 짧은 덕담과 함께 난 큐를 들고 카운터로 가 계산을 하곤 화장실로 향했다.

'부르르르~~~'

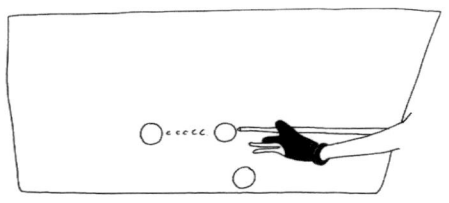

내 몸의 떨림과 가슴의 떨림이 일치하는 그런 분함과 아쉬움이 교차한다. 도저히 분해서 참을 수가 없다. '한 게임 더 하자고 할까?' 아니면 '연습을 좀 해서 다음 번엔 완전히 밟아줄까?'라는 푸념과 함께 오줌을 갈겼다.

카운터로 돌아와 걸레를 집어 든 내게 영민이 묻는다.

"사장님, 근데 왜 계산을 하세요?"

게임에 진 뒤 바로 계산대로 와 게임요금을 계산한 좀 전의 내 행동이 이상하다는 듯, 영민이 의아해하며 물었다.

"이거 직원게임으로 처리하면 되는 거 아니에요?"

"아니야. 게임요금은 내가 됐건, 누가 됐건 정산을 하는 게 맞아. 우리 그렇게 하기로 정하자!"

영민은 내 의도를 알아차린 것 같다. 나의 이러한 행동은 '너도 혹시 손님과 게임 쳐서 지면 요금을 정산하도록 해!'라는 의미가 내포 돼 있다.

사실 난 직원들이 손님과 당구 치는 것을 좋아하지 않는다. 손님과 접객차원에서의 게임은 나 혼자만으로도 충분하고, 직원들은 각자의 역할에 맞는 시간활용을 통하여 주어진 업무에만 충실했으면 하는 바람이다.

당구장 창업했어요

'3번 대대 당구대'에 파란색 그립을 꽉 쥔 백발의 손님은 여전히 연습구에 열중하고 있다. 난 그의 옆으로 뚜벅뚜벅 다가섰다.

"한 게임 더 하시죠!"

나의 승부욕이 발동하는 순간이다. 이 사람을 제대로 밟아야겠다. 지금부터는 손님이 아닌 잘 치는 22점을 상대로 한 25점의 날카로움을 보여주기로 다짐했다. 그러나 이길 수가 없었다. 다른 손님들을 맞이하고 신경 쓰느라 실력발휘가 잘 안 됐다고 애써 속으로 변명을 해보지만 겉으로는 '졌다'라고 깔끔하게 인정할 수밖에 없다. 그게 내 승부방식이기도 하다. 변명이 없는.

새벽 3시.

커다란 진공청소기의 넓은 주둥이를 당구대 천 바닥에 밀착시켰다. '윙~'하는 거친 모터소음과 함께 '주욱'하고 천이 빨려 들어온다. 마치 70~80km로 달리는 자동차의 차창 밖으로 팔을 내밀고 손바닥으로 전해져 오는 바람의 볼륨 있는 감촉과 같은? 비슷한 느낌이다.

문득 그런 생각이 들었다.

사랑하는 그녀의 손을 잡아본 것이 언제인지. 그러나 새벽시간 곤히 자고 있는 그녀를 깨우기엔 왠지.

부담스럽다.

곤히 잠든 그녀를 애써 깨우기엔 내가 지쳐있고, 그녀가 내 지친 어깨를 따듯이 감싸줄 것인지에 대한 확신이 없다.

DAY 15

2월 24일

새벽 2시 30분 당구장 앞 8차선 도로.

'부아아아 앙~' 창 밖에서 자동차의 요란한 엔진소리가 진공청소기의 소음을 뚫고 들려온다. 순간 내 귀가 번쩍 뜨였다. 잠시 뒤 다시 '부아아아 앙~ 부아아~앙' 굉음이 달팽이관을 때리고 목젖으로 넘어간다. 심장이 뛴다. 아마도 스포츠카 한 대가 당구장 밖 8차선을 왕복하며 순간 급 가속의 속도감을 즐기고 있는 듯 했다. 다시 '부앙부앙~' 하는 자동차 소리가 들린다.

"아! 아까와는 다른 소리인데!"

창 밖 도로를 향해 창가에 팔짱을 걸친 난 다시 소리의 주인공들이 등장하길 기다렸다. 경험상 반드시 다시 돌아온다. 그들은 분명 이 도로의 끝과 끝을 달리며 순간 가속을 즐기는 중이다. 난 궁금했다. 저 엔진소리의 주인공이 어떤 놈인지.

그리곤 회상에 잠겼다.

'Mercedes Benz SLK' 흰색 오픈카를 타고 뚜껑을 열어젖히던 그때, 난 뭉툭한 가로 3줄 그릴 위의 커다란 삼각 별을 참 좋아했다. 306마력의 짐승 같은 녀석을 풀 악셀로 꾹 밟으면, 녀석은 굉음과 함께 튀어 내 뒷목을 경직되게 만들곤 했다. 그런 녀석을 한 몸이 되어 핸들을 다룰 때면 난 세상을 다 얻은 듯했다. 간혹 질주본능을 억제하고 어느 버스정류소에서 오픈카의 뚜껑을 열어 젖히곤 담배 한 대를 피우는 여유로운 허세는 나의 유일한 사치였다.

'부아아아~~앙', '부앙부앙~앙' 당구장 창 밖으로 서너 대의 스포츠카가 굉음을 지르며 눈 앞을 지나친다. 내 손엔 여전히 진공청소기의 주름 관이 들려져 있고, 등 뒤엔 8대의 당구대가 나의 부지런한 손길로 만져주길 간절히 기다리고 있다. 진공청소기의 주둥이를 꽉! 막고 모터의 소음을 키운다.

'위이이이이~~~잉~'

8대의 당구대는 나의 부드럽고 능숙한 손길을 순서에 맞게 차분히 기다린다.

보름이 지난 지금, 이제 매출은 어느 정도 안정세로 돌아가는 듯 하다. 불안정한 초반과는 다르게 최근 몇 일 동안은 꾸준히 30만원을 왔다 갔다 하는 매출이 불안했던 마음을 조금은 편하게 한다.

짧은 기간이지만 단골손님도 많이 늘었고, 하루 한두 명씩 내 당구장에 처음 와 본 손님들은 쾌적하고 흔히 볼 수 없는 당구장 환경에 깜짝 놀라곤 한다. 며칠 전부터는 8시~9시 사이에는 중대가 없어서 손님들이 대기하기도 하고, 안타깝게 돌아가기도 한다.

희망이 생긴다.

진공청소기 솔을 바닥에 더 꽉 밀착시키고 하루의 먼지를 빨아들인다.

'위이이~잉', '위이이~잉', '추루루루~~룩'

::: 멋진 과거

35층 고층빌딩의 22층에 내 자리가 있다. 등을 돌려 창 밖을 바라보면 그 아래로 탁 트인 전망과 함께 손톱만한 자동차들이 거북이처럼 움직이고, 푸릇한 미니어처 같은 공원에는 연인들이 동료들이 움직인다. 팔짱을 끼고 30cm쯤 두 발을 벌려 내려다 보는 전경은 그야말로 나의 위치를 실감케 하기에 충분하다. 간혹 야근을 할 때면 펼쳐진 도심의 야경에 커피가 식는 줄 모른다. 서류 더미 책상을 뒤로하고 아무도 없는 금연빌딩 22층에서 도심을 바라보며 피우는 담배 한 대는 내 권리이자 일탈이었다.

그랬다.

이제 그 생활은 잊혀졌다.

아주 가끔 가끔 생각이 날 뿐.

난 당구장 주인이다!

주말이라 그런지 낮부터 7대의 당구대에 손님들로 한가롭게 가득하다. 내 당구장은 당구대가 들어가지 못하는 자투리 공간이 많아서인지 어쩔 수 없이 곳곳에 생긴 여유공간 많아, 3~4명씩 7대의 당구대에 손님이 가득한 데도 불구하고 당구장은 오히려 여유로움이 느껴진다. 사실 인테리어 공사를 할 때는 당구대 1대가 더 못 들어가는 아쉬움이 상당히 컸었고, 이곳에 당구장을 할까 말까를 망설이기도 했었다. 그러나 삼삼오오 모여 여유롭게 당구를 즐기는 손님들을 보니 마음이 푸근해지고 자연스럽게 줄과 걸레를 들게 된다.

'탁 탁 탁! 쓱쓱!' 난 손님들 보란 듯이 큐 선골 부분을 닦고, 상대를 물걸레로 깨끗이 닦아냈다. 그리곤 바닥에 떨어진 작은 쓰레기를 능숙하게 주워 담았다.

그때 내 귓속에 평일에도 자주 오는 손님의 대화가 들렸다.

"여기 사장은 참 열심히 해. 여기 개업 하고 나서 여기만 계속 오는데, 저 사장님은 계속 저러고 다녀!"

"그래? 진짜 열심히 하시네~"

"근데 사실 좀 부산스럽긴 한데 말이지, 그래도 늘 깨끗해서 좋아. 하하하!"

주말은 언제나 그렇듯이 난 청소와 감독이 주 업무다. 원칙적으로는 직원들에게 맡기고 가족과 함께 시간을 보내려고 했으나 그 결정이 쉽지 않다. 한 사람의 손님이라도 더 잡아야 한다는 영업적인 절박함과 아직은 매장관리에 불안함이 많다.

한숨 돌리고 휴게실 원목책상에 그 동안의 매출장부를 꺼내 들었다. 이 장부는 개업날부터 기록한 하루하루의 매출과 방문 시간대별 손님의 팀 수와 인원 수가 기록된 장부다. 장부 속 데이터에는 개업 일주일 후부터 현재까지 꾸준히 20~25만원을 왔다갔다하는 매출을 보이고 있다. 현재의 상황이 비교적 만족스럽지만 내 1차적인 목표는 평일 30만원, 주말 40만원 매출을 꾸준히 하고 싶은 바램이다.

장부를 분석해 보니, 중대 6대의 매출에 비해서 국제식대대 2대의 매출이 현저히 낮다는 사실과 함께 8시 이후에 손님들이 주로 방문한다는 사실을 그래프를 통해서 여실히 드러났다. 그저 그 시간이 돼야 손님이 찬다는 사실을 받아들이고 '그런가 보다' 할 수도 있지만 내 생각엔 '8시 이전에 손님을 채우는 방법'과 국제식 대대의 회전을 2회전 정도

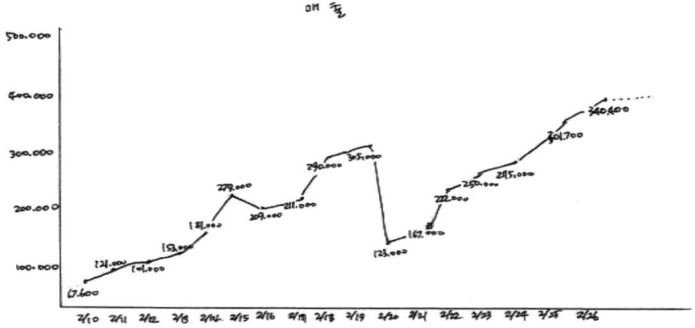

더 높이는 방법’이 강구 된다면 1차적인 목표를 넘어 하루 40~50만원은 충분히 가능할 것이라는 판단을 했다. 더불어 현재 재방문 비율은 매우 높으나 객수 즉, 손님의 수가 적다는 판단을 했다.

객수가 적다는 것은 언제든 바닥의 매출을 경험 할 수 있다는 불안감으로 다가왔다. 1팀의 매출액 즉 객 단가를 높이고 재 방문을 높이는 영업력을 강화할 필요가 있지만, 무엇보다 시기와 외부여건에 영향을 받지 않고 안정적인 매출을 확보하기 위해서는 다양한 고객층의 흡수와 함께 객수의 확보 즉 대상 자원의 수를 늘리는 일에 집중해야 한다고 생각했다.

기다란 원목 책상에 손바닥을 ‘탁’하고 쳤다. “그래, 바로 그거야!” 혼잣말을 중얼거렸지만 밖에도 들린 모양이다. 영민이 날 보더니 뭔 일인지 궁금해 하듯 큰 눈을 깜빡인다.

나의 출근시간을 3시로 앞당긴다.

중대가 밀릴 경우, 과감히 대대를 무료로 내어준다.

6~7시 입장 손님에게 특별한 음료서비스와 다과서비스를 제공한다.

프로선수 레슨을 개설하고 프로와 함께 대대에서 당구를 즐기는 특별한 재미를 준다.

중대 300점 이상 고객들과 점주인 나의 1:1게임 이벤트를 대대에서 진행한다.

대대 공간에 좌석과 테이블을 보강하여 비치한다.

다양한 간단한 이벤트로 재방문을 높인다.

객수의 증가를 위해 SNS홍보와 전단홍보를 강화한다.

동네에 위치한 당구장의 특성상 당구장 손님들이 퇴근하고 바로 당구장에 오면 7~8시 사이가 된다. 동네장사의 전형적인 특성일 수도 있지만, 난 평일에도 분명 더 이른 시간에 손님을 모을 수 있다는 생각이다. 작지만 동네 먹자골목에서 장사를 하는 상인들, 인근 사무실 직원들, 어르신들 등등 다양한 고객층을 흡수할 수 있는 전략의 구상과 실행을 통해 1차적인 목표를 달성할 수 있다는 확신이다.

2월 26일

다시 돌아온 일요일.

아침을 뜨는 듯 마는 듯 무거운 마음으로 당구장으로 향했다. 주말은 나 없이 직원들끼리 운영을 하는 형태지만 도통 마음이 놓이질 않는다.

"오늘도 나가요?"

사랑하는 그녀가 퉁명스럽게 말을 건 냈다.

"어, 응… 마음이 놓이질 않아서. 아직 초기라 손님들도 내가 챙겨야 하고, 직원들도 내가 없으면 좀 힘들어 할 것 같아. 동네라 그런지 일요 일엔 낮부터 손님들이 많아."

"네, 그래요. 너무 늦지는 마요."

"응."

"여보, 너무 서두르지 말고 편하게 마음먹어요."

마지막 위로의 말이 더 마음을 짓누른다.

당구장은 여전히 평화롭다.

가벼운 옷 차림의 손님들, 잘 정리된 큐들, 깨끗한 당구대, 정갈한 음료, 부지런한 직원 그리고 걸레를 든 나. 각자의 역할들이 있기 때문에 지금 내가 할 일은 별로 없다. 그저 쓰레기 줍고 큐 닦는 것 외에는 한가한 주인의 감시? 여유? 정도로 비춰질지도 모르겠다. 마치 초구(初句)를 셋팅하고 당구대 앞에서 예비 큐 질을 여러 번 하는 그런 정도의 느낌이랄까? 개업한지 2주가 넘은 지금도, 초구가 미끄러져 길어져 실패하면 어떻게 하지? 큐 미스라도 나면 어떻게 하지? 라는 불안감은 여전하다.

어제의 고민에 연속이다.

내 예상대로 오늘과 같이 돌아가면 50~60은 무난해 보인다. 직원들은 매우 부산스럽게 바쁘다. 잠시도 여유가 없이 음료 나르고, 당구대 닦고, 큐 손질하고, 계산 받고, 수시로 매장 돌며 눈 인사하고, 다시 다음 손님을 받고.

이대로 매일이면 참 좋겠다.

그렇게 만들어야 한다.

그 첫 번째 실행으로 오래 된 Facebook계정을 재 개설하고 당구대, 당구공, 당구 큐를 배경으로 하는 불특정 다수의 사람들에게 친구신청을 하고 틈틈이 그들의 계정으로 들어가 '좋아요'를 누르기 시작한다. 밥 먹을 때, 화장실에서, 담배 피울 때도.

'텅 텅' 당구대에서 이상한 소리가 난다. 평소에는 들리지 않던 경음에 난 예민해졌다. 손님이 나간 뒤 당구공을 이리저리 굴려봤다. 유독 오른쪽 긴 쿠션을 맞고 나올 때면 '텅 텅'하는 소리가 미세하게 들린다. 아직은 새 당구대의 특성을 갖고 있는 새 천이라 짧아질 리 없는데 유독 감기는 현상 즉 당구공이 급격하게 짧은 각도로 움직이는 현상이 느껴진다. 혹시 볼트가 미세하게 풀린 걸까? 아니면 쿠션에 무슨 문제가 있는 걸까?

'앗!'

난 깜짝 놀랐다. 당구대 밑에 떨어져 있는 작은 볼트 하나를 발견했다. 아~ 이럴 수가. 난 바로 전화기에 저장해 둔 당구대 조립기사에게 전화를 했다.

"기사님, 뎀방에 볼트가 하나 풀려서 떨어졌어요. 빨리 수리 좀 부탁드려요!"

"네? 볼트가 풀려서 떨어졌어요? 그럴 리 없는데!"

"네. 당구대에서 텅 텅 소리가 나서 확인해보니 당구대 밑에 뎀방에 조이는 볼트가 떨어져 있었습니다."

"에구~ 죄송해요. 일단 최대한 빠른 일정을 잡아서 방문 드릴게요!"

조립기사는 이 특이한 상황에 당황했는지 바쁜 듯 전화를 끊었다. 그러나 하루, 이틀, 사흘이 지나도 소식이 없었다.

결국 난, '손님 이 당구대는 조금 짧아지는 현상이 있습니다. 빠른 조치를 취하도록 하겠습니다. 죄송합니다'라는 안내판을 붙이고는 손님들께 양해를 구하고 한동안 죄인 된 기분으로 장사를 해야 했다. 조립기사에게 속상하고 서운했지만 지방일정과 겹치면서 어쩔 수 없었다는 사정이야기를 듣고는 이해할 수 밖에 없었다.

2월 28일

"여긴 담배 못 피워?"

"여기 금연 당구장이야. 담배는 저기 흡연실에 가서 피우면 돼!"

금테 안경을 낀 다소 왜소한 손님이 일행에게 약간 불만 섞인 목소리로 퉁명스럽게 말을 건네며 당구공을 큐 끝으로 툭툭 치고 있다.

그 광경을 지켜본 난, 손님에게 어떻게 이해를 시킬까 고민을 하기 시작했다. 한 명의 손님이라도 내 당구장에 불만을 가지게 하면 안 된다는 아쉬움? 영업정신? 같은 것이 작용했다.

"저 손님, 이거 쌍화차입니다. 게임 중에 이거라도 좀 드시면 담배생각이 사라지고 기분이 좋아질 거에요~"

찻잔을 물끄러미 바라보던 손님이 한마디 한다.

"에이~ 그래도 4구칠때는 담배를 좀 물어주는 맛이 있는 건데요~ 하하하!"

"그렇죠? 저도 사실 대단한 골초인데요. 4구는 그 맛이죠? 그래도 손님께서 이해를 해주시니 고맙습니다."

약간은 강압적인 양해의 말에 손님은 머쓱한 웃음으로 이해한다는 동의를 표시했다.

"네? 하하하!"

그리곤 손님에게 금연당구장에서의 규칙을 지켜주어 '고맙다'는 가벼운 미소로 돌아섰다. 그리곤 흡연실로 들어가 깊은 한 모금을 빨아 천장의 환풍기로 후~ 하고 내뿜었다. 잠깐의 시름이 환풍구로 빨려 속이 개운함을 느낀다. 반면 한 손엔 걸레를 들고 혹시 날리는 담뱃재를 닦을 준비를 갖추고 있는 내 모습을 보면서 어쩔 수 없는 장사꾼의 비애를 느낀다.

내가 한참 4구에 재미를 들였을 시절, 담배 한 대를 입에 물고 코너에 몰려있는 적색 공 2개를 톡톡 치면서 한 줄! 두 줄! 숫자를 세는 맛이 참 좋았다. 가끔 무릎을 당구대 위게 접어 걸치고 큐를 꼿꼿하게 세우고는 찍어 치기 자세를 하고는 입에 물고 있는 담배연기에 눈이 매워 오른쪽 입술의 끝으로 담배를 몰아 물고는, 올라오는 담배연기에 눈을 깜빡이며 찍어 치기를 하는 때가 있었다.

당구를 좋아했던 평범한 남자, 담배를 사랑하는 평범한 남자로써 그 맛은 이루 말할 수 없는 멋이다. 문득 외국 영화포스터의 멋진 금발의 사내가 담배를 물고 당구대 앞에서 멋진 눈빛을 발산하던 그 생각이 난다.

언젠가 하루쯤 '흡연의 날을 정해볼까?' 하는 쓸데없는 생각도 해본다. 흡연자를 위해서.

::: 2015년 어느 날 흡연 당구장의 회상

난 요즘 담배를 피우지 못하는 당구장이 늘고 있는 것에 매우 불만이 많다. 그리고 너무 깨끗한 당구장에 대한 불편함도 있다. 게임 도중에 당구장 구석에 있는 1평 남짓의 좁디 좁은 간이 흡연실에서 담배를 급하게 빨아야 하는 내 모습이 참 초라하기 그지없다. 좀 전에 피우고 간 어떤 사람의 폐 속에 들어갔다 나온 담배연기를 어쩔 수 없이 마셔야 할 때면 담배연기가 섞여 구토가 날 지경이다. 그래서 난 금연당구장은 잘 이용하지 않는다. 난 집에서 조금 멀지만 100여평의 넓은 흡연 당구장을 이용하기 위하여 안산까지 차를 이동한다. 물론 여기에 가면 나와 당구를 즐길 여러 사람이 있기 때문이기도 하고, 무엇보다 100여평의 당구장 어디에서건 내가 편하게 담배를 피울 수 있기 때문이다.

상대의 공격과 숨막히는 수비에 턱 막혀오는 답답함과 초초함을 담배 한 모금의 심호흡에 진정을 찾고, 후~ 내뱉는 연기에 고심을 날려버리고 나의 공격을 구상한다. 참 멋진 모습이다. 나만의 허세 같은 그런 모습이 난 좋았다.

3월 01일

"미진씨! 미진씨! 여기 좀 와 봐!"

아르바이트 여직원을 다급하게 불렀다.

"네, 사장님. 무슨 일이세요?"

미진씨는 늘 차분하다.

"미진씨, 여기 블라인드에 줄을 좀 맞춰줬으면 좋겠어. 이렇게 비틀 하게 줄이 안 맞으면 밖에서 보기에 안 좋아!"

"네? 아~ 신경 쓸게요~ 사장님 은근히 세심한 편이세요. 하하하"

내 당구장은 'ㄱ'자로 창이 매우 넓어서 낮에는 블라인드를 내리고 해가 지는 7시쯤에 블라인드를 위로 올리게 돼 있다. 내 생각엔 하얀색 롤 블라인드 끝의 플라스틱 부분이 일렬로 높이를 맞춰 가지런해야 한다. 일종의 결벽증 같은 것일 수도 있는데, 난 밖에서 2층을 바라보는 시선에 매우 민감한 편이다. 일렬로 가지런히 빛이 밖으로 나가야 안정되고 정렬된 느낌의 당구장 이미지를 줄 것이라는 판단에 늘 이 부분에 신경을 쓰고 있다.

미세하게 선을 맞추고 있는 내게 미진씨가 한마디 던진다.

"사장님, 여기 약 5mm가 안 맞아요. 하하하!"

"요 녀석, 날 놀리는 거야~? 하하하, 그 정도는 그냥 무시하자!"

"그럴까요? 사장님 담배 한 대 피우고 나오세요~ 나머지는 제가 맞출게요~ 호호호"

"…"

그리곤 내게 파란색 물걸레를 쥐어준다. 분명 뒷정리를 깔끔히 하고 나오라는 의도임에 분명하다.

오늘의 매출은 85,000원이다. 최근 30~40만원의 매출을 올리다가 급작스런 최저 매출에 몹시나 당황스럽다. 인터넷 기사들을 봐도 큰 이슈가 없다. 답답한 마음에 창업 초기부터 심리적으로 많은 도움을 줬던 조실장에게 전화를 걸어 물어 봤더니 그의 답은 이랬다.

'아직 객수가 완성되지 않아서 이런 날이 있을 수 있습니다. 지금 당연한 상황이고 이런 매출변화의 폭이 좁을수록 장사가 안정됐다는 이야기입니다. 즉 우리는 좀 더 객수를 늘이는 데 집중해야 합니다. 그리고 누구나 다 겪는 거니 안심하세요. 내일이면 다시 정상화 될 거고, 우리가 계획한 데로 꾸준히 노력하면 이 현상은 자연스럽게 극복이 될 겁니다.'

마지막 한 줄 '내일이면 다시 정상화 될 거고' 그 한 마디가 큰 위로가 됐다. 그렇게 믿어야 한다.

21
DAY

3월 02일

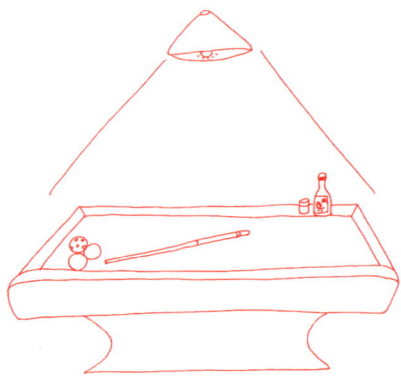

1번 당구대의 조명만을 남겨 놓고, 당구장의 모든 조명을 껐다. 당구대의 긴 쪽에 의자를 놓고 앉아 가게통장을 넘겼다. 오른손이 닿을 만한 위치에 커다란 맥주 컵에 담긴 소주를 한 모금 들이켰다. 순간 핀 조명처럼 그날그날의 은행 입금액이 슬라이드로 지나가고 마지막엔 '0'이란 숫자가 200W 하일라이트 핀 조명처럼 진하게 올라온다.

첫 달이라 그런지 임대료와 관리비와 직원들 월급을 이체하고 나니 가게 통장잔고가 '빵'이 됐다.

소주 한 잔을 더 들이켰다. 소주 광고에 나오는 예쁜 여자는 '처음**~' 하면서 날 보고 웃는다.

"이봐 '처음처럼~?' 이렇게 계속되면 나 쫓겨나!"

소주병과 대화를 한다.

"그래도 다행인가? 첫 달에 큰 손실 없이 '0'를 만들었다는 게 얼마나 다행이야!"

"…"

말이 없다.

"이봐! 이달에 그래도 성적이 좋은 편이야. 남들 다 비수기라는 때에 그리고 첫 달에 이 정도의 성과면 다음달은 큰 기대를 해도 좋아! 최소한 100%의 매출신장의 성과는 있을 거야!"

"…"

"날 믿어, 다음달엔 우리 좀 더 좋은 안주로 함께 하자고!"

"…"

소주병 속의 그녀는 여전히 대꾸가 없다.

아무도 없는 텅 빈 당구장에서 당구대의 핀 조명을 받으며 난 잠시 후 집에 있는 그녀에게 보고할 내용? 명분? 핑계? 등을 정리하고 있는 것인지도 모른다. 그녀도 아무런 답이 없을 것 같다.

다행이 오늘 매출은 정상적으로 돌아왔다. 매출이 높으면 희망에 부풀고, 매출이 떨어지면 급격히 슬퍼지는 난 아직 초보 장사꾼이다.

22 DAY 3월 03일

보름 정도 지난 이력서 뭉치를 뒤적이며 몇 명의 아르바이트 후보생에게 전화를 급하게 걸어 면접을 봐야 했다. 난 급작스럽게 아르바이트생이 그만 둘 때를 대비해서 처음 구인공고를 게시했던 인터넷 사이트의 지원자 이력서를 저장해 두었었다. 그리고 다음에 결원이 생기면 연락을 하겠다는 다음과 같은 간단한 문자메시지도 남겨 두었다.

00당구장에 지원해주신 00님, 죄송하지만 이번 채용은 마감이 됐습니다. 혹시 중간에 결원이 생기면 꼭 다시 연락을 드리겠습니다. 그때 00님과 좋은 인연으로 만날 수 있는 기회가 있었으면 좋겠습니다. 지원에 감사를 드립니다.

그래서 일까? 나의 급한 연락에 면접을 볼 수 있는 기회가 비교적 쉽게 생겼다.

붉은색이 감도는 티크 원목테이블에 면접을 온 짧은 머리의 샤프한 20대 중반의 남자와 마주앉았다.

"시원한 음료라도 한 잔 할래요?"

구멍가게 만한 당구장 면접이지만 상대편은 매우 긴장한 표정이 역력했다.

"열심히 하겠습니다!!"

말이 떨어지기가 무섭게 열심히 하겠단다! 조금 웃겼지만 녀석의 패기에? 절박함에? 마음속으로는 이미 합격을 줬다.

"네? 하하하, 긴장 풀어요. 우리 편하게 이야기 해요!"

난 몇 마디 대화에 이 녀석이 우리 당구장의 주말을 책임지게 될 새로운 직원이라는 것을 직감했다. 녀석은 막 군대를 제대하고 복학을 준비 중인 군기가 빡! 들어간 복학생이다.

"그래요? 이력서를 보니 전에도 당구장에서 일을 해봤다고 했는데, 어느 시간대에 근무를 했었나요?"

"저녁시간에 마감까지 혼자서 했습니다. 저는 주로 청소와 음료 서비스를 담당했습니다. 물론 마감청소도 함께요."

"그럼, 사장님 없이?"

"네, 사장님은 주로 낮에 만 계셨습니다. 제가 군입대 전 약 1년동안 혼자서 큐 관리와 당구대 관리 모든 것을 도맡아 했습니다."

"좋아요. 그럼 우리 열심히 해봅시다. 단 조건이 있어요!"

"네, 말씀해주세요!"

녀석의 귀가 쫑끗 섰다.

"전에 배운 건 다 잊도록 해요. 물론 그때 사장님도 잘 하시는 분이겠지만, 우리 당구장은 내가 관리하는 방법과 원칙이 있으니 따라줬으면 해요."

"네, 알겠습니다! 열심히 배우겠습니다!"

"좋아요. 우리 열심히 해봅시다. 토요일과 일요일을 잘 부탁해요!"

"넵! 사장님. 열심히 하겠습니다."

녀석은 흰 치아를 드러내고 밝게 연신 열심히 하겠다는 의지를 표현했다.

"오늘은 일단 저녁이라도 함께 먹고 들어가도록 해요~ 배고프죠?"

"하하하! 네, 그럼 전 볶음밥 곱빼기로 하겠습니다!"

"씩씩하네, 그럼 난 짜장~"

주말 저녁에 일을 도와주던 친구가 급작스럽게 대기업에 취업이 확정됐다. 이제 좀 당구장 일이 익숙할 만한데 내 개인적으로는 아쉬움이 참 크다. 아내도 이 소식을 들으면 조금 아쉬워할 것 같다. 한동안 주말을 함께 보내겠다는 약속을 지키기가 어려워졌다.

::: 어떤 손님

'딸랑 딸랑' 출입구의 방울소리가 유독 크고 요란했다. 이른 시간 멋진 소가죽 큐 가방을 둘러메고 손님이 들어 왔다. 그의 큐 가방 옆면에는 광이 없는 동그란 장식이 박혀 있고 소가죽의 거친 표면이 고풍스럽게 슬쩍 드러나는 멋진 가방이었다. 늘 느끼는 거지만 방울소리가 유독 큰 손님들은 뭔가 고수의 향기가 느껴진다. 당구장에 들어서는 자신감 같은 그런 거?

"사장님 계신가요?"

"네 접니다! 대대에서 치실 거죠?"

"하하하! 네, 혼자 왔는데 한 게임 하시죠!"

너무도 당당하다. 내 의사는 물어보지도 않은 채, 내가 몇 점을 치는지도 모르면서 게임을 요청한다. 혹시 내게도 고수의 향기가 느껴지나?

"네 그러시죠. 손님은 몇 점 치시죠?"

"저 30점입니다!"

"처음 치시는 거니까 같이 놓고 치시죠!"

난 고민도 없이 30개씩 같이 놓고 칠 것을 제안했다.

이건 무슨 자신감인지. 잠깐 후회를 했지만 난 옛날부터 처음 보는 고점 자와는 같이 놓고 치는 습관? 건방짐? 같은 것이 있었다. '지가 잘 쳐봐야 얼마나 치겠어!'라는.

그가 큐를 꺼내 들었다.

'무.사.시.버.터.플.라.이' 번쩍번쩍 빛나는 세월의 광이 베어있는 큐다. 슬쩍 찍힌듯한 멜라민 코팅의 흠집마저도 세월의 영광이 서려있는 듯

했다. 큐 끝에서 튕겨 나가는 당구공이 마치 이미 맞아있는 듯이 내 머릿속 가상의 선을 따라 굴러다닌다.

"사장님, 여기 당구대는 좀 긴듯하게 떨어지네요."

"아~ 네, 그렇죠? 아직 새 천이라 그런 것 같습니다."

"요즘 추세에는 빡빡하게 다니게 하는 게 좋습니다. 이렇게 굴러다니면 동호인들이 싫어해요. 저도 좋아하지 않습니다!"

"아, 그래요?"

"그럼요. 그래야 실력차이가 명확하고요. 무엇보다 이게 요즘의 동호인과 시합장 당구대 컨디션 추세입니다."

그가 의미심장하게 관리를 위한 한 수를 알려주겠다는 듯이 이야기 이어간다.

"사장님, 여기 안으로 돌리기는 이렇게 3번을 맞고 공이 여기로 가면 안 되는 거에요. 여기서 좀더 짧게 솟아야 하는 게 요즘의 추세입니다!"

"아, 그렇군요. 하하하!"

단골이 될지도 모르는 고점자인 그의 말에 일리는 있지만 쉽게 그의 요구를 받아들이기엔 여러 가지의 문제들이 있었다. 일단 난 길게 다니는 게 좋고, 하점자가 많은 내 당구장의 특성상 누구 하나의 요구조건에 맞춘다는 것이 어렵고, 자주 오는 어떤 고점자는 길게 다니는 게 좋다고 했기 때문이다. 각양각색의 손님이 있는 당구장이라 누구 한 명이 좋아하는 특성에 맞게 관리를 한다는 것 자체가 불합리하고, 모두를 만족시키는 관리는 불가능하다고 난 생각하기 때문이다.

　"손님, 알겠습니다. 다음 번에는 제가 좀 짧게 다니도록 당구대에 조치를 취하도록 할게요~ 하하하!"

　"꼭 그렇게 해주세요! 오늘 제가 이겨서 죄송해요."

　"하하하, 별 말씀을요. 연습 좀 해야겠어요. 다음 번에는 꼭 손님을 이기도록 노력할게요!"

　"하하하, 네!"

　'쿵 쿵' 화장실 소변기 앞의 흰색 타일 벽에 머리를 찌었다. 난 지는 것 자체가 싫다. 솔직히 실력의 차이를 실감한 게임이지만 그래도 그래도. 승부욕 강한 당구인의 피가 끓는 듯 하다. 그러나 이 마음을 접어야 한다. 난 당구인 이전에 장사꾼이다!

3월 04일

"사장님 대대 자리 언제 나와요? 우리 일행들이 벌써 1시간 째 기다리고 있어요!"

5번 당구대에서 임시로 중대를 치던 손님들이 대대자리가 언제 나오는지를 애타게 묻는다.

"죄송해요, 8번 대대에서 한 팀이 칩 쌓기(돈 내기 당구)를 하고 있어서 언제 끝날지 알 수가 없어요. 7번은 지금 17:20이니까 곧 끝날 것 같아요."

난 5번 당구대 앞으로 다가가 허리를 굽혀 연신 죄송하다는 표현을 했다. 표정은 죄송한 마음을 담아 최대한 난처한 표정을 지었지만 속 마음은 환하게 웃고 있었다. 개업 초기에 텅텅 비던 당구대를 생각하면 손님이 밀려서 기다리고 있는 상황이 한편으론 뿌듯했다. 출입구 쪽의 넓은 휴게실에서는 중대를 치기 위해 대기하는 손님도 두 팀이나 TV 를 보고 있다.

> 1 여보, 지금 5시인데 풀 다이야! 2시가 조금 넘어서부터 계속 손님들이 들어와서 풀 다이 상태야. 지금 대기 손님이 2팀이나 있어.
>
> 1 오늘 완전 이상해 ㅎㅎ
>
> 1 이제 자리를 잡아가는 것 같아!

난 노랑색 바탕의 SNS에 지금의 기쁜 소식을 아내에게 연신 알렸다. '1'이 금새 사라졌다.

> 사랑하는 그녀) 아 그래요? 꽉 찼어요? 당신이 기뻐하니 참 좋아요.
>
> 나) 응 오늘 새로운 매출을 경신할 것 같아! 오늘 아주 분위기가 좋아! 하하하
>
> 사랑하는 그녀) 어떻길래요?
>
> 나) 현재 정산 된 매출이 12만원을 넘었어. 이대로라면 오늘 60만원을 할 수도 있을 것 같아!!!
>
> 사랑하는 그녀) 잘됐네요. 호호호

"사장님 여기 공 좀 바꿔주세요!"
"예 예 금방 갑니다!"

> 나) 손님 부른다. 이따 톡 할게.

오른 팔꿈치가 당구대 바닥과 수평이 되게 걸레를 잡고서는 90도 각도로 당구대를 빡! 빡! 닦는다. 새 공을 당구대의 파란 천 위에 가지런히 놔주고는 물걸레로 당구대 상판도 번쩍이게 한 번 더 닦는다.

"손님, 필요한 것이 있으면 또 불러주세요, 오늘은 이상하게 저희 당구장에 손님이 많아요. 조금 산만하죠?"

"아, 아니에요, 그래도 여긴 꽤나 넓고 조용한 편이에요."

'딸랑 딸랑' 출입구의 종이 다시 또 경쾌하게 울린다. 직원과 난 동시에 출입구 방울을 울리며 들어오는 손님을 향해 외쳤다.

"어서 오세요!"

"어서 오세요!"

얼굴을 보니 늘 주말 낮이면 오던 총각들이다.

"어쩌지 지금 빈 당구대 없어요. 휴게실에서 잠깐 TV라도 봐요."

잠시 당구장을 두리번거리던 총각들은 익숙하다는 듯이 자판기 커피를 한 잔씩 뽑아 들고는 저벅저벅 휴게실로 들어갔다.

"영미씨, 저 친구들 너무 익숙한데?"

"호호~ 사장님 모르셨구나. 저 손님들 완전 단골이에요. 가끔 휴게실에서 TV시청을 하기도 하고 남성 잡지를 유심히 보기도 해요~"

"아, 그래? 난 몰랐네. 하하하!"

난 미리 준비해둔 쿠폰을 들고 뒤따라 들어갔다. 이럴 때를 대비해서 대기손님에게 지급할 3,000원 쿠폰을 인쇄해 두었다.

"손님, 이 쿠폰 다음에 오시면 꼭 사용하세요! 오늘 기다리시는 것에 대한 보답이에요. 그리고 혹시 오늘 그냥 가시더라도 다음에 오실 때 현금처럼 사용하세요!"

"정말요?"

"네, 당연하죠. 오늘 기다리게 해서 죄송해요! 당구방송이라도 보면서 잠시 기다리시면 자리가 비는 데로 바로 안내를 해드릴게요. 저기 6번과 3번이 곧 끝날 듯 하니 10~20분이면 충분할 거에요."

당구장 매출증대 방법을 고민하던 지난주에 난 바로 쿠폰을 만들어 놨었다. 애써 당구장을 찾아준 분들이 자리가 없어 오래 기다리거나 아쉽게 그냥 돌아가는 것이 마음이 몹시 안 좋았었다. 난 그 분들에게 무언가 주인으로써 미안한 마음을 표시하고 다음에 다시 꼭 방문해 줄 것을 기대하는 마음을 담고 싶었다. 그러던 중 주중 피크타임에 몇 팀이 그냥 돌아가는 일이 있었는데, 나가는 손님에게 쿠폰을 주자, 손님들은 어색하게 쿠폰을 받들곤 다음에 꼭 오겠다는 약속들을 해줬다.

"다음에 꼭 올게요! 당구장 너무 좋은데 아쉽습니다!"

"하하하, 죄송해요. 다음 번엔 꼭 좋은 서비스로 모실 수 있었으면 좋겠습니다. 감사합니다. 조심이 들어가세요!"

몇 일간의 적극적인 외부홍보가 효과가 있었던 것일까? 아님 자연스럽게 이제 우리 당구장이 자리를 잡아가는 것일까? 둘 중 뭔지 확신은 없지만 낮부터

꽉꽉 찬 당구대를 보니 몸이 가벼워지고 엔도르핀이 솟구치는 듯하다.

이상하게도 빈 당구대가 없어 손님이 돌아가고 나면 금새 빈자리가 생기곤 한다. 좀 전에 나간 손님과 지금 막 비어버린 1대의 당구대가 마음을 안타깝게 한다.

새벽 1시.
594,000원. 손님은 이미 모두 빠졌다. 진공청소기를 켜고는 3번 당구대의 포인트를 눌렀다. 5분, 10분, 15분, 20분. 40분, 50분.
청소를 마치고 정산컴퓨터의 '일 매출'화면을 사진으로 찍어 아내의 SNS메시지에 보냈다.

1 (606,000원 매출사진)

1 여보, 오늘 매출 60을 경신했어!

1 나 이제 곧 퇴근해, 집에서 봐요^^

1 배고프다

3월 05일

한가한 일요일 낮, 한 사람의 손님이 왔다.

"혹시 당구를 좀 배울 수 있을까요?"

"죄송해요. 아직 레슨은 없습니다. 저희가 다음주부터 월, 화, 수 3일간 프로선수가 1:1원포인트 레슨을 하려고 준비 중에 있습니다."

"아, 그렇군요. 그럼 혼자 연습을 해야겠네요."

손님은 매우 아쉬워하면서도 크게 실망하지 않는 익숙함으로 당구대에 자리를 잡았다.

"손님 음료는 무엇으로 드릴까요? 마침 신선한 토마토를 갈아 논 것이 있는데, 그거 한 잔 드릴까요?"

"네, 그리고 3구 주세요~"

당구공과 함께 음료를 내어주고는 카운터로 돌아왔다.

"영미야, 저 손님 전에도 온 적이 있니?"

"아니요. 처음 오시는 분이에요."

'3번 당구대 시작했습니다.'

정산컴퓨터에서 급작스럽게 예견되지 않은 맑고 청아한 목소리가 들렸다.

"잘못 눌렀겠지?"

"그렇겠죠? 혼자 연습하시는 데 포인트를 누를 일이 없으니까요~"

"음, 일단 놔둬보자!"

그 후로 약 한 시간을 혼자서 열심히 연습을 하던 손님이 카운터로 와 만 원을 주면서, "연습 잘 했습니다! 시설이 정말 좋네요~" 라면서 씩 웃는다. 난 만 원을 들고는 잠깐의 망설임도 없이 "손님, 주신 거니까 일

당구장 창업했어요

단 오늘은 받겠습니다. 그리고 이건 저희 당구장 1만원 쿠폰입니다. 다음에 친구분과 오시면 사용하세요. 그리고 다음부터 연습구는 포인트 누르지 말고 하세요."

"아, 정말이요? 그래도 될까요?"

"그럼요. 그리고 평일 날 시간이 되시면 1:1프로레슨을 하고 있으니 그때 꼭 레슨을 받으시면 감사하겠습니다. 하하하!"

"네! 꼭 그러죠! 사실 여기 생기기 전엔 저 뒤 당구장에 가서 늘 혼자 1시간씩 요금을 내고 연습을 했었어요. 이렇게 배려해주셔서 정말 감사합니다."

손님은 정중하게 감사를 표현했다.

"그럼 다음에 또 뵐게요! 오늘 찾아주셔서 감사합니다."

서로 유쾌하게 인사를 나누고 손님을 배웅했다. 그런데 손님이 나가자마자 불만 섞인 한마디가 날아온다.

"사장님, 굳이 할인쿠폰을 뭐 하러 주세요. 어차피 또 오실 것 같은데요!"

주말알바 영미가 의아스럽게 물었다.

"그래? 또 오실 것 같지?"

"네, 당연하죠!"

"그래 맞아, 또 오실 것 같아서 드렸어. 어차피 우린 연습당구는 무료였고, 손님이 알았건 몰랐건 선의로 요금을 계산하셨으니, 보답을 한 것뿐이야. 혹시 나 없을 때 혼자 오시면 연습구 드리고 요금은 절대 받지 말아요!"

"음료수는 드려요?"

난 답답하다는 듯이 내 가슴팍을 '팍' 쳤다.

"이런! 드려! 팍 팍!"

"호호호, 알겠어요~ 사장님~"

영미는 연신 웃으며 당구장을 누빈다. 나의 큰 마음을 아는지 모르는지. 혹시 호탕하고 대범한 오너의 모습이 멋있게 보였을지도 모르겠다.

그 손님?

서울에서 직장생활을 하는 손님은 한동안 주말 낮에만 당구장 들러 꼭 1시간씩 연습당구를 치고 돌아갔다. 그리고 가끔씩 당구장에 혼자 오는 150~200점의 손님들과 게임을 한다. 그리고 나와 패배의 아픔을 함께 나누며 흡연실 회색소파에 다리를 펴고 앉아 인생을 이야기하고, 직장생활을 이야기하는 담배 친구가 됐다. 당구 이야기? 그런 거 안 한다. 그저 사는 이야기가 전부다. 가끔 그의 부부생활에 대한 이야기 정도?

장사를 시작한지 벌써 한 달이 다 돼간다. 추운 칼바람을 맞으며 귀가 얼어붙을 정도로 창업고민을 하던 것이 엊그제 같은데. 어느 센가 따뜻한 봄바람이 익숙한 계절이 됐다. 사랑하는 그녀도 이젠 바뀐 내 생활패턴에 익숙한지 적절한 격려모드로 돌아섰다. 혹시 포기한 걸까? 아니면 당구장의 매출이 흑자로 돌아서서일까? 불안하면서도 안심이 된다.

익숙해진 나의 하루의 끝은 땀내나는 지친 몸뚱아리를 럭스 비누와 샴푸로 닦아내곤 손톱 끝에 진하게 박힌 피칼(당구공을 닦는 약품)냄새를 제거하곤, 곤히 잠들어 있는 아내 뒤에 살며시 눕는 것으로 마감이 된다. 슬쩍 아내의 목 아래로 팔을 쑥 넣어 애써 팔 베개를 해본다. 감싸 안은 오른 손의 끝에서 피칼 냄새가 진동을 한다. 가급적 아내의 코에서 멀리 손가락을 편 채 잠이 들곤 한다. 그렇게 날이 밝으면, 당구장으로 향하고 당구대와 당구공을 30번쯤 닦아낸 뒤, 다시 집으로 향한다.

하루만 피.칼.냄.새.없.이 쉬고 싶다.

사랑하는 아내와 함께.

::: 다트!

당구장 한 켠 비교적 넓은 공간에 1대의 다트를 설치했다. 내 당구장은 다른 당구장에 비해 비교적 젊은 친구들과 연인들이 많은 당구장이다. 시설이 좋다 보니 자연스럽게 여성과 부부와 어린아이와 함께 당구장을 오는 아빠들도 종종 있다. 난 이들의 놀 거리를 하나 더 만들어주고 싶은 욕심에 전자식 다트를 설치했다. 더불어 풀로 차는 시간에 대기하는 손님들에게 지루함을 없애줄 수 있을 거라는 생각도 했다.

그런데, 나의 의도와는 다르게 완벽한 실패로 돌아갔다.

물론 대기손님과 아이들, 연인들은 다트에 관심을 갖고 꽤나 많은 게임을 했다. 그러나 문제는 다른 곳에 있었다.

혹시나 전자식 다트의 요란한 음악소리가 당구게임에 방해가 될 것을 우려해서 미리 꺼 놨음에도 불구하고, 다트 핀이 원형의 점수 판에 꽂힐 때 나는 '딱', '딱'하는 둔탁한 소리가 90평 당구장 전체에 울려 퍼지고 그 소리가 심각하게 당구게임의 집중력을 방해한다는 사실을 발견했다.

결국 다트는 아쉽게도 한 달 만에 임대계약을 해지하고 당구장에서 영원히 사라졌다.

'쓱 쓱 쓱~'

참외를 아래 위를 삭둑 잘라내고는 세로 무늬에 맞춰 길게 세운 뒤 열 십자로 쓱~ 잘라 6조각을 만든다. 그리곤 커피잔으로 쓰는 작은 찻잔에 가지런히 담아 이쑤시개를 하나씩 꽂으면 멋진 서비스 준비가 완료된다. 다섯 접시를 후딱 만들어 쟁반에 담았다.

"손님, 요거 하나씩 맛 좀 보세요! 이거 요 앞 트럭에서 맛나 보이길래 조금 사왔어요."

출근길 가게 앞 트럭의 노랑봉지에 담긴 노랑색 참외가 유독 시선을 자극했다. '아, 이걸 손님들께 서비스하면 참 좋겠는데!'라는 생각이 스쳤다. 별 특별할 건 없지만 '정'이라는 생각? '콩 한 조각도 나눠 먹는다'는 옛 말이 떠오르기도 했다. 곧 5시가 된다.

"잘 먹을게요. 이거 유독 달고 맛있는데요. 하하하!"

"그렇죠? 하하하!"

난 약간의 너스레로 마무리하고 다음 당구대의 손님에게도 발걸음을 재촉하며 참외 쟁반을 내밀었다.

"이거 맛 좀 보세요~"

"하하하! 네, 사장님 센스가 장난이 아니시네요! 어떻게 이런 생각을 하셨는지? 잘 먹겠습니다!"

"네? 하하하, 요 앞에서 트럭에 참외가 참 맛있어 보여서 조금 사왔어요. 음~ 오늘은 참외지만 평일 7시 전에 오시면 저의 특별서비스가 가끔씩 있을 거랍니다~"

난 여유롭게 그리고 조금은 너스레를 떨듯이 말을 이어갔다.

"이런 서비스 매일매일 하고 싶은데, 제가 좀 게을러서 정기적인 서비스로는 좀 힘들고요, 대신 출근길에 가끔씩 좋은 것 있으면 서비스하도록 노력할게요~"

이후로 난 출근길에 과일이나 떡, 만두 같은 것을 조금씩 사와 손님들과 나눠먹는다. 솔직히 지극히 영업적인 목적에서 시작한 일이지만 '함께 나눈다!'는 마음으로 진심을 다했다. 그리고 손님들은 그 정성을 배신하지 않았다.

::: 찢어진 당구대 천, 찢어져 뭉개진 마음

7번 당구대의 분위기가 심상치 않다. 두 명의 남자들의 표정이 아까와는 다르게 굳어져가는 것을 느꼈다. 그들은 뭔가 어색한 행동을 하더

당구장 창업했어요

니 이내 카운터로 와 계산을 하고 나가버렸다. 불안했다.

청소도구를 들고 당구대 앞으로 간 나는 경악을 금치 못했다. 1cm가량 'ㄱ'로 찢어진 파란색 천 사이로 대리석이 보였다. 나도 모르게 출입구 쪽으로 시선을 돌렸다. 혹시 그들이 있을지도 모른다는 생각? 미운 그들을 잡아야겠다는 생각? 그러나 아무도 없다. 눈 아래 찢겨진 당구대 천과 터질 것 같은 분노만이 남았다.

"사장님 천 찢어졌어요?"

"응, 왕창!"

"다음에 좀 전에 가신 손님들 오시면 제가 꼭 이야기할게요!"

한숨을 깊게 쉬었다.

"너 같으면 이렇게 당구대를 만들어 놓고는 여기 다시 오겠니? 나 같으면 다신 안 와! 나는 어릴 적에 만두 값 2,000원 외상 때문에 하교 길에 2정거장 거리를 돌아서 집에 가고 그랬어. 아마도 이 앞으론 지나가지도 않을 거야!"

"하하, 그렇겠네요."

"그냥 잊자. 얼른 재료상에 전화해서 수리 좀 부탁해줘!

난 당구대 천 수리비용보다, 1팀의 손님이 내 당구장에서 영원히 사라져버린 현실이 너무나 안타깝고 아쉬웠다. 그들이 다시는 내 당구장엔 오지 않을 거라는 것을 누구보다 직감적으로 잘 안다. 내가 그랬던 사람이니까 그 마음도 잘 안다. 혹시라도 다시 오면, 그냥 모른 척 해야겠다. 찢어진 적 없는 듯 해야겠다.

27
DAY **3월 08일**

50자루의 큐를 당구대 2대에 나누어 부채꼴 모양으로 죽 늘어놨다. 초크가루가 큐 상대에 깊게 묻어있어서 그런지 푸릇푸릇하다. 마치 호숫가 돌 사이에 깊게 박힌 이끼 찌꺼기 같은 느낌이다. 매일 매일 큐를 수시로 닦는데도 불구하고 이런 현상이 생기는 이유를 정확히는 모르겠지만 오늘은 이 때를 모두 벗겨내겠다고 굳게 결심을 했다.

Pb1세정제, 녹색 수세미, 고무장갑, 1,000방짜리 사포를 신문지 위에 깔고 본격적인 작업 준비를 한다.

첫 번째 과정은 녹색 수세미에 세정제를 흥건히 뿌리고는 박박 문질러 큐 상대의 나무에 깊숙이 박힌 때를 빼내야 한다. 수세미의 거친 표면에 의해서 때들이 벗겨지고, 나무의 펄프가 부드럽게 올라온다. 검지 손을 상대의 표면에 '쓱'하고 문질러보니 아기 솜털 같은 느낌이 참 좋다. 50자루의 큐를 모두 문질러 때를 빼고 자연바람에 건조를 시킨다.

세정제의 독성이 워낙 강해서인지 큐는 하얗게 원래의 색을 찾는다. 왠지 모를 뿌듯함이 밀려온다. 내 오른 팔은 울퉁불퉁 마치 헬스트레이너처럼 이두박근이 솟아있다. 부작용인지 모르겠지만 볼록하게 처진 배와 비교되는 모습에 웃음이 난다.

"영민아! 잠깐 이리와 봐, 우리 팔씨름 한 번 할까?"

영문을 모르는 영민이 팔을 걷어붙이면서 다가와 당구대 위에 커다란 팔을 툭! 올려놓는다.

"준비 됐습니다!"

"밥 내기다! 힘 팍! 줘!"

결과는 뻔했다. 평소에 운동을 열심히 하는 영민을 이기기에는 역부족이다. 역시 단시간에 만들어진 내 팔에 힘(power)은 없었다.

"하하하! 사장님, 전 새우볶음밥이요!"

"그래, 식사 주문하고 저기 사포 좀 들고 이리와~"

우린 1,000방짜리 사포를 돌돌 말아 나누어 쥐고는 큐 상대에 올라온 펄프찌꺼기를 갈아내기 시작했다. 얼마나 문질렀을까? 하얗고 매끈하게 다듬어진 큐들을 가지런히 정리하니 마음이 참 편해진다. 어쩌면 여자들이 하는 미용 목적의 레이저 박피시술후의 느낌이 이런 느낌일지도 모르겠다. 한 꺼풀을 싹 벗겨낸 후 새살이 된 느낌.

개업 후 한 달의 묵은 때를 말끔히 벗겨내고 새롭게 탄생된 큐들에, 새롭게 개업을 하는 느낌의 상쾌함이 참 좋다.

팔은 빠질 것처럼 아프다.

"영민아, 우리 이거 매주마다 하자!"

"정말이요?"

"응! 대신 네게 잘 어울리는 분홍색 고무장갑을 사주도록 할게. 하하하!"

"..."

낮부터 비가 주룩주룩 내린다. 폭우가 한 번 쏟아졌으면 하는 간절한 기대와는 다르게 치적치적 내린다(기분이 그런 탓일까?).

흡연실 2층 창문을 활짝 열고는 팔꿈치를 창에 받치고 담배 한 대를 물었다. '후~' 담배연기가 밖으로 나가다 이내 빗방울에 송송 구멍이 난다. 한 구멍으로 아내의 얼굴이 채워지고, 한 구멍으로 아빠의 얼굴이 채워지고, 한 구멍에 어린 딸 아이의 얼굴이 채워진다. 구멍 하나 하나를 채워갈수록 내 마음의 구멍이 점점 커져가고 먹먹해짐을 느낀다.

당구대에는 어르신 다섯 분이 두 대의 당구대에 나뉘어 낮부터 그들만의 4구 리그전을 펼치고 있다. 문득 어르신들이 참 부럽다는 생각을 한다. 한 시대를 풍미하고 가족들을 지켜내고는, 이제 세상의 치열함에서 벗어나 여유롭게 친구들끼리 당구대 위에서 여가를 즐기며 어린아이처럼 맑게 웃으며, 인생을 즐기는 모습이 참 부럽고 존경스럽다.

난 얼마나 더….

"이봐! 주인장, 와서 이거 좀 봐줘!"

다급한 부름에 달려갔다. 아니 빠른 걸음으로 3번 당구대로 갔다.

"네! 음료수 더 드릴까요?"

습관화된 발걸음과 대사를 건넸다(나도 모르게).

"아니 그게 아니고, 이거 '떡'인지 아닌지 좀 봐줘, 눈이 침침해서 도통 분간이 안돼."

난 잠시 어르신의 표정을 살폈다. 하회 탈 같은 팔자주름과 갈색 검버섯 위로 올라온 설레는 듯 인자한 웃음이 참 보기가 좋았다.

"어르신, 아주 미세하지만 '스위치'입니다."

"앵? '떡' 아니야?"

"네, '떡' 아닙니다."

"흠~ 역시 젊음이 좋군! 부럽네!"

"…"

돌아서며 씩 웃었다.

그래 내겐 아직 무엇이든 할 수 있는 젊음이 있다. 그리고 바늘귀를 끼우기에는 초점이 흐리지만, 당구공의 떡을 구분할 수 있을 정도의 시력이 있다.

창 밖엔 비가 계속이다. 시원하다. 상쾌하다.

이른 초저녁 시간, 평소보다 빠르게 당구장 내의 모든 블라인드를 걸어 올리고 간판 불을 환하게 켠다. 비 내리는 밖이 이미 먹구름에 많이 어둡다.

DAY 29 **3월 10일**

"사장님, 대대를 1대 더 늘려주면 안돼요?"

얼마 전부터 7~8명의 무리들이 당구장에 고정으로 자리를 잡았다. 이 손님들은 내 당구장에 손님으로 오면서부터 이것 저것 요구사항들이 너무나 많았는데, 오늘은 대대 2대와 중대 3대를 점거하고는 그 중 대장인 듯한 사람이 대대를 한두 대 더 늘려줄 수 없겠냐는 요청을 했다.

"사장님, 대대를 늘리세요! 그럼 저희들이 완전히 매출을 팍팍 올려드릴 수 있어요. 하하하!"

난 잠시 고민을 하는 척 했다. 평소 중대로 장사를 하기로 마음을 먹었고, 대대는 그저 손님들이 가볍게 접하길 바라는 마음이 있었다.

"손님, 저희는 8대의 작은 당구장이에요. 여기서 대대 한두 대를 늘리는 것은 좀 무리입니다. 그럼 중대가 4~5대 밖에 안되기 때문에 좀 어려움이 있습니다. 이해해주세요!"

난 비교적 단호하게 거절의 의사를 표현했다. 그리고 평소 이들에게 이야기 해야겠다고 다짐한 마음속 한마디를 덧붙였다(절호의 타이밍).

"죄송하지만, 다른 손님들도 대대를 치시기 위해서 대기를 오래 하고 있습니다. 한 테이블만 양보를 부탁할게요."

그가 화들짝 놀라며 정색을 했다.

"사장님, 지금 저희들 일행도 대대 기다리면서 중대에서 당구를 치고 있는 거 안 보이세요? 우리가 우선입니다."

"알죠. 그래도 좀 양보 부탁합니다. 피크타임에는 서로 양해를 좀 하죠~"

난 웃으며 부탁했다. 그러나 그의 한 마디에 난 심장이 멈춘 듯 충격을 받았다.

"사장님, 저희가 여기 온 다음부터 여기 매출이 10만원은 더 올라간 걸로 아는데, 아닌가요? 저희가 여기 최우수고객인데 이렇게 하시면 저희도 생각이 있습니다."

그의 말은 단호한 통보와 같았다. 난 가슴 속의 울화를 애써 억눌렀다.

"그렇죠? 대대를 늘리는 것은 신중히 생각해볼게요. 그러나 우리 당구장에서는 원칙적으로 동호회를 안 받는 것으로 돼 있습니다. 따라서 그에 따른 일반손님과 차별된 혜택도 없습니다."

"..."

상대가 말이 없다. 얼굴은 시뻘겋게 상기돼가고 있다. 그가 말없이 흡연실의 일행들 곁으로 사라졌다.

얼마 전부터, 옆 당구장에서 무리 지어 당구를 치는 그룹이 한 명 두 명씩 내 당구장에 오기시작 하더니 어느새 그들 10명 내외가 당구장을 장악하기 시작했었다. 내가 바랬던 것은 그들 중 한두 명이 가끔 왔다 가고, 그들끼리는 원래의 당구장에서 놀기를 바랬다. 90여평의 당구장에 이들이 모이니 당구장이 부쩍 시끄럽고 부산스러워진 것을 느꼈기 때문이고, 그들이 아니어도 이제 평일에는 30~35만원 정도의 매출을 하고 있었기 때문에 그들이 올려주는 10만원의 매출이 그렇게 대단한 상승효과는 아니라는 것을 알고 있다. 그들이 10만원 올려주고, 그들로 인해 돌아가는 다른 손님의 매출 5만원이 빠지는 현상이 생기는 것을 파악하고 있었다. 이들이 내 기대처럼 한둘씩 자리를 잘 잡아줬다면 하는 아쉬움은 있지만. 매출에 대한 손님에 대한 아쉬움은 없다. 왜냐하면 오히려 이들로 동시간 대에 인해 인원수만 많아져 당구장이 복잡해지고 이들로 인해 일반 손님들이 많이 불편해 하는 것을 느껴왔기 때문이다.

한 순간 한 무리의 손님이 빠져나갔다.

"사장님, 저 손님들 오늘은 온지도 얼마 안됐는데 한번에 계산을 하고는 큐 가방 싸 들고 다 가네요. 무슨 일 있으셨어요?"

영민이 그들이 부산스럽게 정리하고 빠져나가는 모습을 보곤 뭔 큰일이라도 난 듯이 의아스럽게 물었다.

"무슨 일은! 내가 가라고 했어."

"네? 저 손님들 한번 오면 10만원 넘게 치고 가는데요. 좀 시끄럽긴 하지만 매출이 높은 손님들 인데요."

"영민아, 당구대나 정리하자. 어차피 저들 중에 몇은 다시 오게 돼있어. 자기들끼리도 의견이 분분할거야. 우리 동네에 여기보다 좋은 곳 봤니? 하하하"

"그렇죠? 근데 갑자기 텅 비니까 기분이 묘하네요. 하하하"

그들이 알차게 올려주는 매출 10만원이 솔직히 오늘 하루만큼은 아쉬웠다. 최근엔 그들이 오면서 40만원초반의 매출을 꾸준히 올렸는데, 오늘은 20만원 후반에서 만족해야 했다.

그러나 후회는 없다.

어차피 내 당구장은 중대를 치는 많은 일반사람들이 주 고객이다. 저들로 인해 주 고객이 불편한 상황을 만들지 말아야 한다는 생각은 굳건하다.

30 DAY **3월 11일**

격자무늬 유리칸막이로 막혀있는 휴게실의 원목테이블에 흰 색 테이블보를 펼쳐 깔았다. 직경 20cm쯤 되는 플라스틱 접시에 방울토마토, 참외, 과자들을 가지런히 담아 정성스럽게 올려놨다. 그리고 1달간 손님들이 올 때마다 넣어둔 '방문확인 쿠폰'을 모아 논 투명한 아크릴박스를 원목테이블의 가운데에 올려놨다.

나와 영민 그리고 저녁 아르바이트 여직원은 연락처가 적힌 쿠폰이 가득한 투명한 아크릴박스를 들고 손님들 테이블로 향했다.

"손님, 죄송하지만 여기 추첨함에서 2개를 뽑아주시겠어요?"

평소 자주 들르는 부부손님에게 다가가 추첨을 부탁했다(처음이라 약간은 머쓱했다).

"아! 이거 추첨을 하는군요. 선물은 뭐에요?"

남자가 신기해하며 물었다.

"하하하, 선물은 당구장에서 사용이 가능한 1만원 쿠폰입니다."

"와우~ 정말이요? 이거 제가 넣은 쿠폰을 꼭 뽑아야겠어요. 저 진짜 자주 왔잖아요. 하하하!"

"하하하, 네 꼭 그러세요! 자주 오셨으니 쿠폰도 많을 거구요. 확률도 당연히 높겠죠?"

그렇게 5명의 손님이 10장의 쿠폰을 직접 추첨했다. 그리고 난 추첨된 손님 한 명 한 명에게 안내문자를 보내고 게시판에 공지했다.

"영민아, 우리 당구장 정말 좋지?"

"네? 네~ 그렇죠. 저희 당구장처럼 시설 좋고 서비스 좋은 당구장이 이 동네에는 없죠. 하하하"

녀석 나의 질문에 당황한 눈치가 역력하다.

"그렇지? 내가 손님이라도 우리 당구장에 올 거 같아. 이런 세심한 쿠폰이벤트도 있고!"

"아! 하하하, 그런데 저 질문이 있어요."

"뭔데?"

"10명이면 쿠폰 10만원이잖아요. 이거 아깝지 않으세요? 굳이 이런 이벤트 하지 않아도 손님이 꾸준한데 왜 하시는 거에요?"

영민의 질문에 난, 이러한 이벤트의 취지를 명확히 설명해줘야 실효성이 더 높은 거라는 생각으로 자세하게 설명을 시작했다.

"이 쿠폰은 한 달간 이용해준 손님들에 대한 감사의 표시야. 그리고 이 쿠폰을 받게 될 분들 중 일부는 한두 번 왔다가 다시는 오지 않았던

분들도 있을게 분명해. 그분들에게 우리 당구장을 다시 한번 홍보할 수 있는 기회도 될 거야. 그리고 우리가 이 이벤트를 1달에 1번씩 매월 정해진 날에 할건데, 이건 단순하게 재미를 주는 측면도 있지만 흔히 말하는 '고객충성도'와 '기대심리'의 자극을 통해서 우리 당구장에 오는 손님들에게 좋은 이미지를 심어주기 위한 중요한 홍보수단이기도 해!"

"헐~ 그렇게 깊은 뜻이!"

"복잡해? 하하하, 그냥 그런 줄 알고 외워! 하하하. 쿠폰 가지고 오는 손님들에게 더 친절하게 하고!"

"넵, 사장님!!!"

오늘은 우리만의 개업 1개월 축하의 날이자, 손님들이 방문 시 마다 정성스럽게 넣어준 쿠폰추첨 행사를 진행하는 날이었다.

그리고 직원들 한 명 한 명에게 간단한 문자메시지를 통해 고마운 마음을 전달했다.

여러분이 고생해준 덕분에 우리 당구장이 안정적으로 매출이 올라오고 있어요. 아직 만족할 만한 목표에 도달된 것은 아니지만 조금만 더 노력하면 곧 하루 매출 50만원에 도달 될 거라 믿어요. 고마워요. 오늘은 식대에 구애 받지 말고 먹고 싶은 것으로 맛있는 것을 시켜먹도록 해요.

오른발을 들어올려 왼쪽으로 걸쳤다. 오른팔을 들어 왼발과 수평이 되게 '턱' 하고 떨궜다. 말랑하고 폭신한 느낌의 스폰지 같은 감촉에 안도의 한숨을 쉰다. 슬쩍 눈을 떠 시계를 보니 낮 12시를 조금 넘겼다. 다시 잠이 든다. 사랑하는 아내는 행복한 표정으로 새근하게 잠들어 있다. 나만의 착각일까? 정말이지 한 달 만에 같이 잠들기 시작해서 함께 누워있는 시간이다.

그리고 보니 왼쪽으로 누워있는 내 신체에 큰 변화가 있다. 아내를 향해 옆으로 누울 때면 언제나 침대 바닥에 뚝 떨어지던 5kg의 순수한 뱃살이 사라져버렸다. 아내를 뒤에서 살포시 안을 때면, 늘 뱃살이 아내의 엉덩이에 먼저 닿아 미끄러지곤 했는데… 이젠 좀 다른 상황에 깜짝 놀랐다. '어쩐지 바지가 접히더라니!' 혼자 말을 하고는 잠들어 있는 아내의 귓볼에 키스를 하고는 다시 눈을 감는다.

한 달만의 휴식.

꿀 잠.

여유.

주말 파트타이머 직원들만 남겨 논 하루의 휴식이 불안하기도 했지만, 아무일 없이 평온하게 지나간다. 불안감에 들여다 보는 CCTV와 스마트 폰 속의 매출상황도 평소와 다름이 없다. 오후 7시 30분, 20만원을 훌쩍 넘기고 있다. CCTV속 직원들은 음료 나르고 큐 손질하고 정신이 없어 보인다.

'프로선수 one point 레슨'

커다란 X베너를 출입구에 세웠다.

당구선수를 초빙해서 당구레슨을 진행할 계획을 오래 전부터 세웠었다. 손님들의 반응이 어떨지는 모르지만 일단 해보자는 생각이다. 나의 목표는 기존 중대손님들에게 당구강좌 서비스를 제공하는 것과 대대손님을 자체적으로 확보함으로써 이들을 통하여 낮 시간의 객수와 매출을 극대화 하고자 하는 목표다. 낮 시간에 연습구로만 사람이 차는 것도 대만족이다. 어차피 이들이 누군가와 당구를 치게 될 거고, 사람이 있어야 또 다른 수익을 낼 수 있다는 생각이다.

정복을 입은 당구선수가 연습을 하고 있는 것 만으로도 당구장 분위기가 남다르다. 나만 느끼는 건가? 여하튼 손님 몇 몇이 흘깃 흘깃 쳐다본다.

"저 손님, 저희 프로선수하고 한 게임 하시겠어요?"

"에잇, 제가 실력이 되나요"

손님의 얼굴에 부끄러운? 어색한 거절? 한 게임 하고는 싶은데 선뜻 용기가 나질 않는 눈치다.

"게임 요금은 안 받을게요. 한 번 같이 쳐보시고 조금 배워보시는 거 어때요?"

"정말이요?"

"하하하, 그럼요. 제가 통이 큽니다! 하하하!"

그리곤 인자하고 너그럽고 여유 있는 표정연기를 위해 가볍게 입술을 살짝 다물고 눈을 깜빡였다. 사실 이 한 번의 게임이 앞으로 프로선수와의 지속적인 레슨으로 가기 위한 마약 같은 유인전술이다.

'프로선수 one point레슨 1시간 3만원, 사전 예약하세요!'

사실 선수 한 명을 주3회 매주 초빙하는 데는 꽤나 많은 비용이 소요가 된다. 하루에 손님 4명을 받아서는 절대 해결이 안 되는 비용이지만, 난 과감히 투자를 결심했다.

이유는 단 하나!

매출증대를 위한 고객 만족도 향상을 통한 재방문 유도.

::: 아저씨 똥꼬바지에서 벗어나다!

한 달 전만해도 36인치의 바지를 배꼽까지 바짝 끌어올리고는 벨트를 꽉 조여 바지를 입었다. 불룩 튀어나온 배 탓에 헐겁게 걸쳤다가는 아랫배의 굴곡에 미끄러져 어느새 허리아래로 흘러내리고 셔츠는 배 위로 흐트러지고 만다. 바지의 무릎은 정강이 어디쯤에 흘러내려 있다. 난 이런 전형적인 아저씨 스타일이 싫어 언제나 바지를 배꼽 위까지 끌어올려 벨트를 꽉 조인다. 그런데 이게 진짜 전형적인 아저씨의 똥꼬바지 스타일이다.

그런 내가 오늘은 평소의 습관을 버리고 치골 바로 위에 벨트를 조였다. 옷 맵시가 살아남을 느낀다. 셔츠도 더 이상 배 밖으로 빠져 나오지 않는다. 육체노동과 정신적 스트레스로 인한 자연스런 다이어트 효과! 벨트가 2구멍은 줄었다. 행복하다. 총각시절로 돌아가는 듯한 그런 몸 상태. 3cm두께의 지방으로 구성된 王자가 사라지는 행복. 개업 후 한 달간 처음 해보는 장사가 육체적으로나 정신적으로나 힘들긴 매우 힘들었던 모양이다.

아내에게 sns문자를 보내본다.

1 여보, 나 바지가 커! 32인치 바지 좀 사주면 안 될까?

답이 없다.

밤새 봄 폭우가 미친 듯이 내렸다.

교차로 신호등이 휘청휘청 한다. 마치 술에 취해 위태롭게 다리를 꼬고 힘없이 휘어져 흔들리 듯 그렇게 억수같이 쏟아 붇고 바람이 휘몰아친다.

난 그 새벽 퇴근길 차를 새우곤 늘 퇴근길에 들르는 집 앞 편의점에 들러 바나나 맛 우유를 한 개 집어 들었다. 초록색으로 인쇄가 된 알루미늄 호일에 빨대를 '탁'하고 꽂았다. 불투명 흰색의 빨대로 노란색 우유가 '쑥'하고 반쯤 올라와 채워지는 것이 보인다. 얼른 입술에 가져다 데고는 쫙 빨았다. 달짝지근한 향이 입안에 고루 퍼지고 혓바닥 아래의 힘줄을 타고 뱃속으로 들어가 쓰린 듯 허기진 위장을 달콤함으로 채워준다. 하루의 치열함이 바나나우유의 향긋함에 취한다. 그리고 담배 한

대를 입에 물고는 담배연기와 함께 바나나우유를 다시 넘긴다. 바짓단은 이미 휘몰아 치는 비바람에 흠뻑 젖었다.

언젠가부터 당구장에서 퇴근하는 길, 이곳 편의점 테라스에 잠시 들러 바나나우유를 마시는 습관이 생겨버렸다. 처음엔 그냥 배가 고파서 참치와 마요네즈가 얹혀진 삼각김밥에 허기라도 채울 요량으로 들렀었다. 그러나 이젠 습관처럼 바나나 맛 우유와 담배 한 모금으로 하루를 정리하곤 한다. 의자에 여유롭게 앉아, 오늘 새로 온 손님, 진상 손님, 직원들에 대한 불만, 매출, 아내 생각, 아이 생각 등등. 이런 생각들에 사로잡히다 보면 편의점 딱딱한 플라스틱 녹색 의자에 꼿꼿하게 기대어 앉은 자세가 점점 다리는 무릎관절에 힘주어 쫙 펴지고, 엉덩이는 의자 끝에 걸쳐지고, 지친 어깨는 등받이 2/3쯤 기대어져 쭉 늘어진 상태가 되곤 한다. 그리고 녹색 테이블엔 빈 바나나 맛 우유와 담배가 어지럽게 놓여있다.

새벽 비가 점점 더 요란스럽다. 8차선 도로의 차들은 요란한 빗줄기에 앞이 보이질 않는지 엉금엉금 기어간다. 혹시 노면의 빗물에 미끄러지기라도 하면 거세게 부는 비바람에 차가 휙 돌아버릴지도 모른다는 생각이 들 정도니 너무도 당연한 상황이다.

개업을 한 지 한 달이 조금 지난 난 지금, 몸과 마음이 너무 힘들다. 지친 것일까? 마침 거센 빗줄기에 갑갑한 속이 후련해지는 쾌감을 느끼지만 지금의 나를 감당하기엔 약하다.

내 장사를 시작하면 숫자와의 싸움이 없어질 거라 생각했고, 직장생활 보다 조금은 스트레스가 덜 할거라 상상했고, 좀 더 가족과 함께하는 시간이 많아질 거라 기대했다. 그러나 나의 생활은 모두가 사라지고 막중한 책임감의 무게가 더 커졌다. 내 가족 그리고 나와 함께하는 당구장의 직원들. 그들은 고시 공부를 위한 학원비를 내야하고, 사업 실패로 인한 빚을 갚아야 하고, 자신의 용돈을 충당해야 하고, 취업 전까지의 생활을 해야 한다. 각자의 사연이 있고 내가 운영하는 당구장은 그들의 생활터전이자 나의 가족을 책임져야 하는 생활 터전이다.

'후~' 담배 한 모금에 그 무게를 조금이라도 덜어보려 애쓰지만 쉽지 않다. '탁! 탁!' 담배를 털어 꽁초를 중지와 엄지에 끼우곤 빗물 속으로 튕겼다. 조금 아주 조금 휩쓸려가는 담배꽁초에 마음이 편해진다.

"일어나자!"

3월 15일

왠 남자 손님이 커다란 비닐봉지 담긴 도시락을 가져왔

다. 봉지에는 '00횟집'이라고 크게 써져 있고 머리가 큰 생선 그림이 그려 있다.

"미진씨, 이거 드세요!"

근육질의 건장한 남자가 주간 근무 직원을 향해 슬쩍 카운터 안으로 봉지를 넣어주었다.

"이게 뭐에요?"

"초밥이에요. 지난번에 초밥을 좋아한다는 이야기 얼핏 들었어요, 하하하!"

미진이 커다란 눈을 위아래로 반복적으로 치켜 뜨더니, 뭔가 결심을 한 듯이 남자의 눈빛을 슬쩍 살피곤 입을 열었다.

"저 오늘은 잘 먹을게요. 그런데 저 남자친구가 있어요.^^"

"…"

순간 멈칫한 남자는 눈을 아래로 깔더니 경직된 한마디를 한다.

"상관 없어요. 그저 감사의 표현인 걸요!"

"호호호, 이런 거 안 사 오셔도 당구장에서 편하고 친절하게 서비스 하겠습니다~"

"…"

이 광경을 모두 지켜본 난 고민했다. 미진에게 뭐라고 한마디를 해줘야 할 것 같았다.

"미진씨, 잠깐 이야기 좀 해요."

"네~ 사장님, 음료만 주고 갈게요!"

"그래요, 일단 그게 우선이지! 하하하"

난 잠시 생각을 정리했다. 근육질의 남자에게 음료를 가져다 주는 미진의 표정이 그다지 밝지만은 않은 것을 직감적으로 느꼈다.

"미진씨, 저 손님 자주 와?"

"네, 단골인데요. 오늘은 초밥을 사오셨네요. 전에는 커피를 사오기도 하고 빵을 한 가득 사오기도 했어요."

"그래?"

"네!"

난 생각에 잠겼다.

"저기 미진씨, 미진씨 성인이니까 알아서 잘 하겠지만. 혹시라도 불편하게 하는 손님이 있다면 언제든지 이야기 해요. 당구장이라는 곳이 남자들이 노는 곳이라 때로는 여자들에게 좀 심하게 추파를 던지거나 힘들게 하는 경우가 있어요. 혹시 그런 경우가 있다면 말해요."

"호호호, 네 알겠어요. 그런데 사장님!"

"응?"

"저 어린애 아니에요. 가게 매출에 도움이 될 정도로만 제가 조절할게요. 일단 오늘은 저와 이 초밥을 같이 먹기로 해요. 그 정도면 충분히 눈치를 챌 거에요. 호호호~"

"그래?"

미진과 난 싱싱한 연어초밥을 입 속으로 넣어 녹이고는 미소를 지었다. 그 광경을 지켜보는 근육질 남자의 표정은 그다지 좋지 못했다. 아무래도 마음이 많이 상한 모양이다.

"손님 덕분에 초밥 맛있게 잘 먹었습니다!"

머쓱해진 남자는 내게 한 마디 한다.

"사장님 드시라고 사온 거 아닌데…."

"그죠? 하하하!"

언젠가부터 근육질의 남자는 보이질 않았다. 더 이상 당구장에서 초밥을 먹을 기회가 없어져 조금은 아쉽지만 미진의 적절한 손님관리에 만족스럽다.

35
DAY **3월 16일**

2명의 남자가 당구대 긴 쿠션을 사이에 두고 서로 마주 보고는 열심히 허공에 큐 질을 하고 있다. 그리고 나비 넥타이에 시합용 정복 조끼를 차려 입은 한 남자가 그 광경을 지켜본다.

"곧게! 곧게! 왼쪽 팔에 힘을 주어야 오른손에 힘이 빠집니다."

마주본 두 남자는 어깨를 폈다 좁혔다, 다리를 벌렸다 좁혔다 하면서 열심이다.

"선생님, 허리가 너무 아파요!"

시합용 정복을 한 남자가 팔짱을 끼곤 씩 웃는다.

"그래요? 당연합니다. 지금까지 여러분의 자세가 조금 잘못돼있었다는 반증입니다! 저를 믿으세요. 처음엔 좀 힘들어도 곧 익숙해질 거랍니다."

얼마 전 시작한 프로선수의 one point레슨이 본격적으로 시작 됐다. 수강생과 프로선수가 함께 연습도 같이 하고, 게임도 하면서 제대로 된 강습과 함께 당구에 대한 재미를 전달하는 과정을 진행 중이다. 덕분에 당구장 분위기가 낮 시간 잠시나마 정숙한 학습분위기로 바뀌었다.

게임을 즐기는 일반손님들도 이 분위기에 관심을 갖는 눈치다. 난 그 정도로 충분했다. 지금 당구를 배우는 저 손님들이 제대로 된 강습을 통해서 당구를 즐기길 바란다.

이곳 내 당구장에서.

—

언젠가부터 하루 매출을 걱정하지 않는 익숙함이 생겼다. '오늘도 당연히 30~40만원을 하겠지!' 하는 안도감? 같은 것이 생겼다. 간간히 오는 낮 손님이 8~10대의 매출을 채워주고, 7시가 되면 잠시 한산했던 당구장이 왁자지껄하게 부산스러워진다. 그렇게 12시가 넘어가고 청소를 하다 보면 새벽 2시가 돼버린다. 간혹 오는 새벽 손님에 푸념하며 공을 주는 일상이 반복이다. 그리곤 바나나우유와 담배 한 모금에 허리를 늘 어뜨리고 집으로 향한다.

36
DAY

3월 17일

한 아이가 부산스럽다. 자기 키만한 큐를 이리저리 돌려가며 빨간색 공을 이리저리 굴리고는 까르르 하고 웃는다. 그리곤 마치 제 집 거실인 듯이 당구장을 한 바퀴 뛰어 돌고는 다시 당구공을 굴리곤 까르르 웃는다.

"얘야~ 이거 먹어!"

난 부산스런 아이를 잠시 세워둘 요량으로 '맥스봉'소시지를 하나 쥐어 주었다. 그런데 녀석, 소시지로 당구공을 이리저리 치더니 날 보고 환하게 웃는다.

"여기서 뛰면 안 된단다! 저기 아저씨들이 '이놈' 해요~"

동그란 눈을 깜빡이며 아이는 이내 시무룩해진다.

"저~ 그럼, 여기 이 자리에서만 노는 건 괜찮아요?"

고개를 들고 두 손을 모아 간절함을 표시하는 아이에게 야박하게 나무라기만 할 수가 없다.

"그래~ 대신 너무 시끄럽게 하면 안돼요!"

이 광경을 지켜본 아이의 아버지가 나에게 와서 죄송하다는 표현을 했다.

"저희 아이가 좀 부산스럽죠? 죄송해서 어떻게 하죠. 제 아내가 오기 전까진 제가 아이를 데리고 있어야 해서요. 맞벌이라 지금 아내가 이리로 오는 중입니다."

"아, 그러시군요. 손님이 많이 없는 낮 시간이라 괜찮습니다. 제가 아이와 놀아줄게요. 하하하!"

5번 당구대의 일행이 아이 아버지를 부른다.

"어이~ 김씨, 빨리 와! 당신 칠 차례야!"

아이 아빠는 아이와 나와 5번당구대를 연신 번갈아 바라본다.

"감사합니다. 그럼 전 게임 하겠습니다."

"네! 하하하, 필승하세요!"

"얘야, 조용히 해야 한다. 엄마 곧 올 거야!"

아이는 아빠의 단호한 한마디에 애써 고개를 끄덕인다.

사실 난 아이를 별로 좋아하는 사람이 아니다. 같이 놀아준다는 것 자체가 성격적으로 불가능한 딱딱한 사람이고, 결정적으로 난 당구장에서 할 일이 참 많다. 흡연실에 재떨이도 치워야 하고, 수시로 큐 손질도 해야 하고, 천장에 손님들이 묻혀 논 초크자국도 지우개로 지워야 한다.

"얘야, 축구게임 좋아하니?"

아이가 날 멀뚱히 쳐다본다.

"아저씨랑 저기 TV가 있는 곳에 가서 축구게임 할까?"

"…"

아이는 큐를 내려놓더니 맥스봉 소시지를 입에 물고는 소파에 앉았다. 시무룩한 아이의 어깨엔 여전히 큐가 걸쳐져 있다. 어쩌면 이 아이가 나중에 커서 유명한 당구선수가 될지도.

3월 18일

사랑하는 아내와 아이와 함께 시간을 보내고 싶은 주말 이다. 마음은 간절하다. 그러나 당구장으로 나가야 한다. 주말을 도와주는 새로 온 아르바이트 직원이 있지만, 아직은 혼자 남겨두기엔 마음이 좀 불편하다. '나 없이도 잘 할 수 있을까?', '혹시 단골 손님이 나를 찾으면 어떻게 하지?', '내가 없으면 할 일을 제대로 다하지 못할지도 몰라!' 등등. 그런 걱정에 늦은 오후 당구장으로 향했다.

"사장님 나오셨네요!"

아직 군인 티를 다 벗지 못한 새로 온 직원이 밝게 웃으며 나를 맞이했다.

"어 그래. 오늘 두 번째 주말인데 내가 좀 도와야 할 것 같아서 나왔어."

녀석 씩 웃는다.

"하하하! 사장님, 제가 혼자 해볼게요. 미덥지 못하시겠지만 일단 지켜보세요. 그리고 미흡한 것이 있으면 지적해주세요. 그럼 바로 시정하겠습니다!"

녀석이 워낙 씩씩하게 말을 하는 통에 난 파란색 걸레를 집어 들고 여느 때처럼 흡연실로 향했다. 이런! 내가 따로 치울게 없었다. 주말 주간에 근무하는 여직원은 워낙 정리정돈을 잘하는 친구여서 평소에도 칭찬을 아끼지 않았었다. 그런데 이제 막 제대를 한 이 녀석도 그런 느낌이다.

'칙칙!' 흡연실 원목에 방향제를 살짝 뿌리곤 주말 아르바이트 직원을 불렀다.

"잠깐 이리 와볼래?"

"네 사장님, 뭐 시키실 일 있으세요?"

"응, 별건 아니고 뭐 좀 알려주려고."

난 방향제를 들고 다시 벽에 '칙칙' 뿌려 발랐다.

"사장님 왜 거기에 방향제를 뿌리세요?"

녀석이 의아해 하며 원목에 방향제를 뿌리는 이유에 대하여 물었다. 난 으쓱해 하며 이유를 설명했다.

"신기하지? 하하하, 방향제를 공기 중에 뿌리는 것 보다 이렇게 칠을 한 곳이나 원목에 뿌리고 살짝 스미게 발라주면, 이 냄새가 은은하게 오래 퍼져서 담배냄새를 잡아주기도 하고 흡연실에 손님이 들어 왔을 때, 향이 은은하게 퍼져있어서 매우 쾌적하게 느끼게 돼!"

녀석이 넓은 이마 밑의 큰 눈을 확장시키며 놀라는 표정이 역력했다.

"아!!!! 그렇군요! 이거 여자애들 방에 가면 화장품 냄새가 늘 배어져 있어서 언제나 은은하게 좋은 냄새가 나는 효과와 같은 거군요~"

"그 그 그 그런가? 그런 거 같아. 하하하!"

"그럼 제가 주말엔 하루 두 번씩 방향제를 좀 바를게요. 전 담배를 안 피우니까 이런 냄새의 강도를 더 잘 조절할 수 있을 것 같습니다!"

녀석의 생각지 못한 답변에 당황하면서도 받아들이는 자세가 마음에 들었다.

"자! 그럼, 난 자네가 일 하는 것을 보면서 정리정돈과 청소를 도울게. 혼자 있다고 생각하고 업무를 보도록 해요. 혹시 모르는 것이 있으면 물어보고."

"네, 사장님!"

역시 녀석은 씩씩하고 믿음직스럽다.

난 오늘 주말 손님들께 인사나 하고, 흡연실 정리정돈이나 하고, 간간히 손님과 당구게임이나 치면서 녀석을 지켜볼 예정이다.

1   여보, 저녁은 먹었어?

그녀: 네, 좀 전에요. 당신은 밥이나 챙겨먹고 있는 거에요?

1   응 좀 전에 자장면 먹었어

그녀: 애휴~ 일주일에 하루라도 함께 집에서 따뜻한 밥을 여유 있게 먹었으면 좋겠어요.

1   다음주부터는 주말은 당신과 아이와 함께 시간을 가질 수 있을 것 같아. 지금 아르바이트 녀석이 꽤나 믿음직하고 잘해. 내일 하루만 더 내가 교육을 하면, 앞으로는 혼자 놔두어도 괜찮을 것 같아.

그녀: 그래요? 잘 됐네요. 그럼 다음주는 오랜만에 함께 외식이라도 하는 거 어때요?

저 오랜만에 VIPS에(패밀리레스토랑) 가고 싶어요. 온 가족이 함께요.

1   그래 약속할게. 그러자!

그녀: ♥♡♥ 이따 봐요. 안자고 기다릴게요.

1   응 알았어. 이따 마감 같이하고 최대한 빨리 갈게.

돌아오는 주말의 외식 약속에 하트 3개가 날아왔다. 그리고 오늘은 안자고 기다린단다. 겨우 주말외식에 이렇게 행복해하는 그녀에게 미안한 마음이 더 가중된다. 가족을 위한 새로운 직업을 가졌지만 가족과 함께 할 시간이 많지 않은 지금의 현실이 조금은 슬프지만. 당구장이 안정돼 가고, 일이 익숙해지면서 점점 희망이 보이기 시작한다.

3월 19일

'큐, 당구대관리 우수점포 선정'

출력소에서 인쇄를 하고 황금색 테두리 A4 액자에 끼워 카운터 앞 손님이 잘 볼 수 있은 곳에 걸었다.

"사장님, 이거 뭐에요?"

주말아르바이트 직원이 큐를 닦으면서 액자를 보곤 의아하게 물었다.

"보면 몰라? 이거 큐, 당구대관리 우수점포 안내표지잖니~"

난 씩 웃으며 태연하게 대답을 해줬다.

"사장님 그건 저도 아는데요. 우리 당구장 체인점이었어요?

"하하하, 아니! 체인점 아니야!"

난 단호하고 담백하게 대답을 하곤 성명을 해주었다.

"체인점은 아니지만 손님에게 알리고 싶어서 만든 거야. 알다시피 우리 당구장은 다른 당구장들과는 달리 매일 같이 큐를 세정제로 닦아서 깨끗하게 때를 빼고 있고, 수시로 큐 팁을 손질하고 있고, 마감 무렵이 되면 모두 정비를 새로 해. 그리고 당구대 역시도 아침에 점검과 정비를 하루 한 번씩 정성 들여 하고 있어. 매뉴얼에 따른 규칙과 더불어 '수시로'의 관리 포인트를 두고 하고 있지.”

“아! 그렇군요. 저는 토요일과 일요일만 근무를 해서 잘 몰랐는데, 지금 제가 하고 있는 것들을 매일 하고 계셨던 거군요!”

“맞아! 물론 내가 해야 하는 것이 있고, 평일 주간근무자가 하는 것이 있어. 토, 일은 자네가 그 모든 것을 하고 있는 것이나 마찬가지야”

“사장님 뭐하나 여쭤도 될까요?”

“응, 말해봐.”

“이거 이렇게까지 하면 제가 알기론 팁의 소모도 빠르고 무엇보다 상대의 나무가 금방 닳는다고 들었는데, 안 그런가요?”

“그래 맞아. 팁 소모도 빠르고 상대의 나무도 분명 더 빨리 닳거나 휠 수도 있겠지. 그런데 말이야. 난 그거 아끼는 것 보다 깨끗하고 정확한 모양을 갖춘 큐를 손님에게 제공하고 싶어. 닳거나 휘면? 그거 상대를 교체할 생각이야. 1년은 버티겠지!”

“아하! 역시, 사장님 대단하세요!”

직원의 칭찬과 존경의 눈빛이 느껴졌다.

“그럼, 우리 더 열심히 닦아볼까?”

“네, 사장님!”

우린 비교적 한가한 일요일 오후 5~7시 사이에 당구대 홀에 비치된 큐들을 순서대로 걷어와 6자루씩 정비를 한다. 첫 번째로는 마른 천에 세정제를 조금 뿌리고 큐의 상대와 선골에 지저분하게 박혀있는 파란색 초크가루를 문질러 지운다. 그리곤 물 티슈 한 장을 뽑아서 세정제와 찌꺼기를 깨끗이 닦아낸다. 다음으론 큐 팁의 모양을 바르게 잡고 큐 왁스를 상대 전체에 골고루 도포한다.

39
DAY

3월 20일

저녁 7시, 홍보물을 돌리고 들어오니 아내가 당구장 티크 원목테이블에 다소곳이 앉아 있었다. 덜컥 겁이 났다. 왠지 모르지만 미안함과 서운함이 합쳐진 그런 감정인 것 같다. 그러나 경쾌한 목소리로 아내를 불렀다.

"여보, 왠 일이야?"

아내는 고개를 슬쩍 들어 날 물끄러미 쳐다봤다.

"도시락 싸 왔어요!"

"고마워 여보, 잠깐만 기다려요!"

난 손에든 홍보물을 테이블에 내려놓고는 당구대 홀로 향했다. 그리곤 서둘러 당구장 손님들에게 15도 각도로 한 사람 한 사람 인사를 했다.

"안녕하세요! 오늘도 오셨네요! 음료수 뭐 더 드릴까요? 언제든 필요한 것이 있으시면 불러주세요!"

난 7대의 당구대를 돌며 손님들 한 명 한 명에게 정중하게 인사를 하곤 아내가 있는 휴게실로 돌아와 원목의자에 털썩 앉았다.

"왠 도시락? 하하하, 고마워. 안 그래도 밖에서 홍보물 돌리느라 배가 창자에 붙었지 뭐야. 하하하!"

"…"

아내가 말없이 찬합을 열고는 내게 젓가락을 쥐어주었다.

"와~ 계란 말이! 오호~ 김도 들었네! 하하하"

"…"

아내는 말이 없이 정수기 물 한잔을 받아오더니 내게 들이민다. 무언가 겁이 났지만 난 아무 말도 할 수가 없다. 그저 맛있게 아내의 반찬을 목으로 밀어 넣었다.

붉은색 티크 원목테이블 끝에 물기가 보인다. 한 방울, 두 방울 뚝! 뚝! 난 고개를 들지 않았다. 그저 아내의 반찬을 목으로 목으로 깊게 깊게 밀어 넣었다. 붉은색 티크 원목이 진하게 물들어 100년 세월 고목의 나이테가 진하게 올라왔다.

아내가 조심스레 말문을 열었다.

"평생 남에게 고개 안 숙이던 사람이 이렇게 변할 수가 있네요."

"아~ 뭐, 일이잖아. 하하하!"

난 애써 웃었다. 순간 꼿꼿하기만 했던 대기업 직장인의 생활이 잠시 스치고 지나갔다. 말끔한 와이셔츠에 붉은색 넥타이를 즐겨 매던 나. 그리고 고층의 전망 좋은 사무실에서 야경을 즐기며 야근을 하던 때.

그 야근이 직장인의 실력이고 능력이라고 말하던 그 때. 그리곤 다음 날 부하직원들에게 '정해진 시간에 업무처리를 하고 남은 시간에 미래를 위한 투자를 하세요! 그게 사는 길이고 능력입니다! 남들과 같아서는 여러분 여기서 살아남을 수도 없고 어디 가서도 성공할 수 없습니다' 라고 훈계하던 때.

도시락을 거의 다 먹어갈 때쯤 아내가 울먹이듯 입을 뗐다. 조심스럽게 움직이는 아내의 작은 아랫입술이 윗니와 아랫니에 눌려 작은 줄이 가 있었다. 분명 뭔가 할 이야기를 참고 있었던 것 같다.

"아까 오는 길에 당신이 길에서 홍보물 돌리는 것을 한참 봤어요. 그동안 집에서 투정만 부리던 내가 너무 미안했어요. 당신이 이렇게 힘들게 바둥바둥 하는 것을 처음 봐요!"

"…"

난 아무런 말을 할 수가 없다.

"난 당신이 그저 폼 나게 당구장만 지키는 것인 줄 알았어요. 이렇게 직접 뭔가를 하는 줄은 꿈에도 생각을 못했어요. 왜 이야기 하지 않았어요?"

난 티슈를 건네며 조심스럽게 한마디 했다.

"당신 이럴까 봐!"

"…"

"눈물이나 닦아요~"

"여보!"

"아! 참, 요즘 매출이 아주 잘나와. 계속 홍보를 한 덕인지 새로운 손님도 많이 늘었어. 봐봐 이제 7시가 조금 넘은 시간인데 아까부터 손님들이 많지? 하하하!"

"당신 식사하느라 말 안 했는데요. 아까부터 한 팀씩 들어오더니 꽉 찼어요. 직원들이 잘하고 있길래 일부러 말 안 했어요."

"아, 그래?"

난 얼른 등 뒤 유리창 너머로 홀을 바라봤다. 당구장은 언제부터인지 모르게 북적대기 시작했다. 단골인 부부손님도 와있고, 큐 가방을 둘러맨 단골도 와있다. 8대의 당구대는 손님들로 꽉 차고 직원들은 음료수 나르기에 여념이 없다. 창 넓은 흡연실을 보니 몇 몇 대기손님들이 담배를 피우고 있다.

"여보, 나 새로 온 손님들께 인사 좀 하고 올게."

난 다급하게 당구장 안의 새로 온 손님들에게 인사를 하고, 흡연실 안의 대기손님과 인사를 나누었다. 그리고 담배 한대를 입에 물곤, 노란색 SNS메시지를 켜고 아내에게 문자를 보냈다.

1 여보, 너무 걱정하지 말아요. 사랑해요♥♥♥

오랜만에 맛있는 도시락을 먹어서인지 배가 든든하다. '딸랑 딸랑' 출입구 방울소리가 경쾌하다.

"어서 오세요!"

난 손님을 맞이하고, 휴게실에 다소곳이 앉아 있는 아내에게 슬쩍 윙크를 했다.

40
DAY
3월 21일

당구장 일이 이젠 너무나도 익숙해졌다.

　오전 11시, 주간근무자는 은행에 시제 20만원을 남겨 놓고 전날의 수입금을 은행에 입금하고 잔돈을 교환한 뒤 당구장으로 돌아와, 당구장의 창문을 모두 열어 환기를 한다. 그리고 현관문을 비롯한 유리를 모두 깨끗이 닦는다. 12시가 되면 매일 오는 손님 한두 팀이 자리를 잡는다. 주간근무자는 2시까지는 청소할 것이 참 많다. 청소를 마치고 한숨 돌리면 슬슬 이른 낮 시간간의 손님들이 또 하나 둘 자리를 잡고, 강습생들도 대대 1대를 차지하곤 연습을 한다.

　당구장의 총괄관리자이자 주인인 난 오후 3시가 되면 당구장 앞 노점 트럭에서 과일 한 봉지를 사서 출근을 한다. 과일을 주간근무자에게 맡기곤, 당구장 손님 한 명 한 명에게 인사를 한다. 다음으로 낮 시간 동안 손님이 사용한 큐를 카운터로 모아 손질을 하고, 매일 매일 순번에 의해 정해진 큐들을 수거해 큐에 박힌 찌든 때를 완전히 닦아낸다.

이 모든 과정이 거의 기계적으로 이루어진다.

5시가 되면 준비된 과일을 손님들에게 대접하고는 잠시 손님들과 이런저런 시시콜콜한 대화를 나누기도 하고, 간단히 당구게임을 함께 하기도 한다.

저녁근무자들이 출근을 하고, 보통은 6~7시가 되면 난 바로 홍보물을 들고 밖으로 향한다. 이 시간쯤이면 동네에 사람들이 북적이기 시작한다. 난 홍보물을 주차된 자동차의 운전석 앞에, 편의점 야외 테이블에, 술집과 식당에, 은행 ATM기계에, 커피숍의 테라스에, 인근 대형건물 화장실에 정성스럽게 꼽는다.

"하루 한 팀만 와라!"라는 간절한 마음을 담는다.

정해진 루트를 돌아 당구장으로 돌아오는 길 마지막으로 당구장 앞 버스정류장이 있는 횡단보도에서 이른 퇴근길을 재촉하며 횡단보도를 건너오는 동네주민인 듯한 남자들에게 홍보물을 나눠준다. 한 30분쯤? 가끔 어제 마주쳤던 그 남자도 있고, 언젠가 마주쳤던 남자도 있고, 이미 당구장에 자주 오는 손님도 있다.

"안녕하세요 사장님, 오늘도 이거 돌리세요? 이제 이거 안 돌려도 장사 잘 되지 않아요?"

목요일이면 늘 친구들과 당구장을 찾는 손님이 말을 건넨다.

"하하하, 아직 멀었어요. 이거 3,000원 할인쿠폰이니까 목요일에 왔을 때 사용하도록 해요. 그리고 친구들에게 우리 당구장 홍보도 잘 부탁해요~"

"하하하, 알겠습니다! 고생하세요~"

자주는 아니지만, 아주 가끔씩 마주치는 기존 단골손님에게는 준비된 할인 쿠폰을 건네기도 한다.

정해진 홍보과정을 마치고는 잠시 당구장 앞에서 담배 한 대를 피우고는 부지런히 2계단씩 계단을 올라 당구장으로 들어간다. 여기까지가 8시까지의 내 일상이다.

당구장 유리문 앞에 서면, 이미 여러 손님들이 당구를 즐기고 있다. 아르바이트 직원들은 부산스럽게 음료를 나르고 당구대를 닦고 큐 손질을 한다. 손님 몇몇은 휴게실 한 컨에서 TV를 보기도 하고, 흡연실 소파에 다리를 펴고 앉아 담배를 피우며 이전에 끝낸 게임에 대한 분석에 빠져있는 손님들도 있다.

10시, 11시, 12시 계속된 반복이다.

마지막 손님이 나가는 새벽 2시가 되면 다시 창을 열고 진공청소기로 하루의 먼지와 초크가루가 쌓인 당구대를 말끔히 청소하고, 큐를 수거해 미진한 손질을 한다. 그리고 마지막으로 오늘의 매출을 확인하고 금고를 정산하는 것으로 하루의 일과를 마친다.

아참! 퇴근길 집 앞 편의점에서의 바나나우유와 담배 한 모금이 나의 오늘 하루의 완벽한 마감이다. 완벽히 익숙해진 하루하루. 이제야 당구장 사장이 된 것 같다.

당구장 일은 너무나 익숙해졌다.

그러나 장사는 아직 부족함을 많이 느낀다.

"어서 오세요! 3구 드릴까요? 4구 드릴까요?"

현관 유리문 방울소리와 함께 10여명의 손님이 몰려 들어왔다.

"사장님, 저희 3대에 나눠서 칠 거에요. 4구로 주세요~"

부지런히 당구공을 3대에 나눠 주고는 음료주문을 위해 말을 건넸다.

"손님, 음료는 뭐로 드릴까요? 늦은 시간이니까 시원한 냉커피 어때요?"

"하하, 사장님 저 모르시겠어요?"

그리고 보니 어디선가 낯 익은 얼굴이었다.

"혹시 저희 집에 배달 자주오시는 그분? 평소와 복장이 너무 달라서 못 알아봤어요. 이렇게 멋진 분인 줄 몰랐네요!"

"하하하, 사장님 침은 발랐어요? 오늘 저희들 회식이에요. 가게가 여기서 좀 멀긴 한데요. 오늘은 일부러 놀러 왔어요."

"아이고~ 정말이요? 진짜 고마워요~^^"

그러자 그가 정색을 하고 내게 말했다.

"제가 늘 감사하죠. 올 때마다 늘 음료수도 챙겨주시고 가끔 과일도 주시고 늘 감사하고 있습니다."

"에이, 별 말씀을~ 하하하!"

"사장님, 이 동네 어디를 배달가도 사장님처럼 인정을 베푸는 분은 드물어요. 늘 감사하고 있습니다."

"하하하, 고마워요. 제가 좀 정이 있죠? 하하하!"

"하하하!"

우린 서로 얼굴을 마주보고 크게 한바탕 웃었다.

난 항상 음식배달을 오는 직원들과 택배기사님에게 음료수 한 잔씩을 반드시 마시고 돌아가게끔 했다. 바쁘다며 그냥 가려는 분들도 있지만, 사실 음료수 한 잔정도 마시는데 큰 시간이 필요한 것은 아니다. 단지 어색한 호의에 서로가 당황하고 난처할 뿐이다. 내 입장에서도 사실 별 큰일은 아니다. 음식주문을 하고 미리 배달직원에게 줄 음료를 냉장고에 준비를 해 둔 뒤, '고맙습니다'라는 정감 어린 인사말과 함께 정성스럽게 음료를 건네면 되는 간단한 일이다. 난 그들이 우리 당구장에 대한 좋은 마음을 가지길 바란다.

왁자지껄하게 그들끼리의 당구전쟁이 치열하다.

"야! 여기 사장님 진짜 멋진 분이야. 그리고 여기 당구장 정말 좋지 않니?"

"하하, 그건 그래 여기 당구대 진짜 잘 구른다! 하하하"

난 잠시 그들의 대화에 끼어들었다.

"진짜 잘 구르죠? 제가 완전 심혈을 기울여 관리하고 있어요. 저희 당구장 홍보 좀 많이 부탁 드려요! 하하하, 농담이에요. 오늘 방문해줘서 정말 고마워요!"

그렇게 그들은 2시간을 즐겁게 당구를 쳤다.

나의 마음을 알아주고 이렇게 애써 방문해준 그들 덕분에 나도 그들만큼 아니 그 이상 즐겁고 뿌듯한 시간이 됐다.

::: 내가 배운 홍보!

업종을 막론하고 '입 소문'만큼 강력한 홍보는 없다는 이야기를 인터넷과 각종 매체들을 통해서 많이 보고 들었다. 입 소문을 내기 위한 여러 가지 방법이 있겠지만 가장 효과적인 것은 내가 운영하는 당구장에 온 손님들 하나 하나가 만족스런 표현을 하고 그들끼리 이야기하면서 퍼져나가는 것이라 생각한다.

언젠가 '고객을 대하는 태도'에 대한 유명 대기업의 자료를 본적이 있다. 그 자료에는 고객을 내부고객과 외부고객으로 나누어 서로의 상관관계를 이야기하고 있다. 요점은 내부고객에 대한 만족도가 외부고객에게 영향을 미친다는 것이다. 즉 내부고객의 만족도가 높아야, 그 만족도와 충성심이 외부고객에 대한 자발적인 서비스의 질을 높이게 돼 영업장에 대한 만족도가 높게 올라간다는 내용이다.

난 내 당구장에서 근무하는 직원 그리고 배달사원, 건물 관리소장,

주차관리원, 건물주 등이 모두 내부고객이라는 판단으로 그들에게 진심을 다하고 그들의 마음을 얻기로 다짐했다. 그 결과 건물에 주차하기가 편해졌고, 건물 입구에서 서성이는 손님들에게 자연스런 안내자가 생겼고, 배달음식에 '맛있게 드시고 즐겁게 당구치세요!'라는 배달사원의 접객과 환한 웃음이 생겼다.

그렇게 당구장은 여러 사람의 입에서 입으로 소문이 퍼져나갔다. '인성 좋고 친절한 사람들이 있는 당구장 그리고 시설과 서비스가 매우 좋은 당구장!'

당구장 창업했어요

"사장님, 저거 뭐에요?"

계산을 하던 손님이 카운터 벽에 붙어있는 안내판 하나를 가리키며 궁금하다는 듯이 물었다.

"아! 저거요?"

"네, '우수업소' 마크요! 인증기관 같은 것이 있나 봐요?"

난 빙긋이 웃으며 답을 해줬다.

"저거, 제가 만들어서 붙인 거에요. 사실 당구업계에는 이런 인증 같은 것이 없더라고요. 그래서 제가 제 자부심의 표현으로 이렇게 붙였어요!"

그리곤 두 손을 아랫배에 공손히 모으고 손님에게 물었다.

"손님, 저희 큐와 당구대가 혹시 마음에 안 드셨는지요?"

손님이 씩~ 웃는다.

"아뇨, 완전 만족입니다. 저는 늘 사장님과 여기 직원들이 큐를 닦고 손질하는 것을 늘 봐왔습니다. 언제나 깨끗하고 잘 손질된 큐가 정말 마음에 듭니다. 하하하!"

"그렇죠? 고맙습니다. 혹시 저희가 게을러지거나 큐나 당구대 상태가 마음에 안 드시면 언제든 솔직하게 말씀해주세요! 하하하"

몇 일전 난, '큐, 당구대관리 우수업체'라는 안내문구와 함께 별을 다섯 개나 함께 그려 넣고는 황금색 테두리의 유리 액자에 넣어 카운터 벽에 자랑스럽게 걸어두었다.

'우리의 노력과 철저한 관리를 손님이 알아야 해!'라는 생각으로 조금은 부끄럽지만 과감하게 만들었다. 사실 이 생각은 직장생활 당시 내가 자주 들렀던 커피숍에서 얻은 아이디어다. 커피숍 카운터에서 주문을 할 때면 언제나 커다란 폿말의 '위생관리 최우수 매장'이라는 문구와 반짝반짝 빛나는 별 다섯 개가 눈에 들어왔었다. ★★★★★ 뭐 항상 깨끗하다고 느끼는 커피숍이지만 이 폿말을 볼 때마다 '음 여긴 진짜 관리를 잘 하는 커피숍이구나! 믿음이 가!'라고 생각을 했었다. 그리고 언제나 청결을 위해 열심히 하는 커피숍 직원들의 행동 하나 하나가 참 마음에 들었고, 사무실 인근의 수많은 커피숍 중에서 유일하게 5년 동안 나의 단골 커피숍이 되기도 했다.

"영민아! 이거 보이지?"

난 영민에게 황금색 액자의 안내판을 가리키며 눈을 부릅떴다.

"앗, 사장님! 이거 이거! 크크크"

영민이 당황하며 웃었다.

"그래, 이 녀석아! 손님들이 이거 다 보고 있다. 이 안내판에 우리 스스로가 부끄러우면 안되겠지?"

"하하하, 네!"

"그렇지! 그러니 우리 조금 힘들더라도 더 신경 쓰고 철저하게 관리를 하도록 하자. 혹시 내가 게으름을 피우거나 하면 언제든지 이야기를 해줘! 난 네가 워낙 잘하니까 가끔은 네게 미루는 경향도 좀 있거든! '네가 하겠지'라고."

"하하하, 알겠습니다. 제 손에서 해결하도록 하겠습니다! 혹시 빠진 부분이나 미진한 부분이 있으면 말씀해주세요."

"그럴까? 그러자! 하하하"

녀석 처음 일 할 때만 해도 줄(야스리)도 한번 안 잡아본 놈인데, 어느새 나보다 더 큐 손질을 꼼꼼히 잘한다.

평소보다 조금 일찍 집에서 나와 차를 몰고 청계 산 아래의 작은 저수지로 향했다. 그곳엔 일흔이 넘은 노인 한 분이 벌써 10년째 작은 트럭에서 커피와 칡차를 팔고 있다. 어쩌면 10년이 넘었을지도 모른다. 내가 이곳 저수지 드라이브코스를 알고 지나다니며 트럭을 보기 시작한지가 10년이니 분명.

차를 세우고 이곳 저곳 녹슨 트럭으로 다가가자, 백발의 노인이 나를 맞이했다.

"오늘도 커피 줄까?"

난 가볍게 목례를 하곤, 파라솔에 털썩 앉아 담배를 한 대 물었다. 그리곤 세월에 긁힌 녹색 작은 쟁반에 500원짜리 2개를 올려 커피를 주문했다.

"커피주세요. 물 조금만 넣어주시고요~"

노인은 인자하게 웃었다.

"진한 게 필요해? 아직 그럴 나이지! 하하하"

"…"

잠시 뒤, 동전을 올려준 녹색 작은 쟁반에 종이컵 두 개가 겹쳐진 커피가 배달 돼 왔다.

"뜨거우니 위에 잡아요!"

벌써 10년째 이곳을 왔지만 오늘같이 뜨겁다고 내게 주의를 준 적은 없었다. 노인은 조용히 커피를 건넸고, 난 늘 그저 달달 한 믹스커피를 마시며 담배 한대 피우며 저수지를 잠시 바라보고 돌아갔었다.

"이보게, 오늘은 복장이 좀 편안하네?"

노인이 불쑥 말을 걸었다.

"아, 네?"

난 간단히 대답하고는 담배를 슬그머니 껐다. 그저 어른에 대한 예의라 생각했다. 30년 세월의 차이에 대한 그런 예의.

"손님이 여기 온지 꽤 됐는데, 내 기억엔 오늘 6개월만에 오랜만에 온 거고, 오늘 같은 평상복은 처음 본 것 같아. 늘 세련된 양복에 반짝반짝 빛나는 구두를 신었었지. 아! 참, 손님의 차도 늘 멋졌어! 그러고 보니 차는 예전 그대로네~"

노인은 3개월전까지의 나의 이미지를 자세하게 묘사해줬다.

"그랬던가요?"

잠시 당구장을 시작하기 전 내 모습을 떠 올렸다.

"그럼! 늘 멋있었어. 아, 그렇다고 지금 멋이 없다는 것은 아니네. 오늘은 늘 보던 모습과는 다른 차림이라 이야기 하는 것이네!"

난 망설이다 말문을 열었다. 노인에게 내 이야기를 조금 해도 될 것 같은 편안한 마음이 든 순간 들었다.

"저 다니던 직장을 그만두고 장사를 시작했습니다."

"아! 그랬군! 어떤 건가? 장사는 잘 되고?"

노인은 매우 놀라는 상기된 눈 빛으로 물었다.

"네, 당구장 개업한지 이제 한 달이 조금 넘었습니다. 걱정했던 것보다 잘 돼서 다행이긴 합니다."

노인은 물끄러미 날 바라보더니 녹슬어가는 트럭의 냉장고에서 칡차 한잔을 종이컵에 따르더니 컵 하나를 더 겹쳐서 건넸다.

"이거 한 잔 마셔봐요. 아주 달아!"

차가운 칡차를 받아 들고는 한입에 쭉~ 들이켰다.

"캬악 켁켁!"

무심코 벌컥 한입에 털어 넣었는데 노인의 말과는 다르게 쓰고 쓰고 썼다. 그제서야 어릴 적 맛 봤던 칡차의 떫고 쓴 기억이 났다.

"어르신 이거 너무 써요. 하나도 안 달아요~"

"그래? 더 마셔봐. 그럼 달달 할거야!"

"네?"

순간 이 노인이 지금 장난하나 하고 장난끼가 담긴 화가 치밀었다. 그리곤 고개를 들어 노인을 빤히 쳐다봤다.

"허허허, 그렇게 쓴가?"

당구장 창업했어요

"네!"

"내가 보기엔 좀 전에 좀 전에 피우다 버린 담배가 더 쓰고 더 슬퍼 보이던 걸? 담배연기가 화가 난 듯이 땅으로 꺼지더라고! 허허허"

"네? 담배연기가요?"

"..."

노인은 그저 소리 없이 웃기만 할 뿐 다른 대꾸는 하지 않고 뒷짐을 지고는 저수지를 바라봤다.

그랬다. 익숙해진 당구장 일에 조금 마음이 쳐진 것이 사실이다. 시간에 자유로울 줄 알았고, 몸이 좀 편할 줄 알았다. 직장생활에서 받던 실적과 대인관계에 대한 스트레스가 없을 거라 생각했는데. 지금 나의 생활은 그때보다 배는 더 심한 스트레스와 중압감에 시달리고 있다. 가족과 함께 할 시간도 부족하고, 하루 하루의 매출에 조바심에 시달리고, 직원들의 눈치도 살펴야 하고 등등. 내가 생각하던 것과는 완전히 다른 삶을 살고 있다는 것에 약간의 회의감이 밀려오기 시작했다. 몸도 많이 힘들다.

"저 어르신, 제 이야기를 좀 털어놔도 되겠습니까?"

"허허~ 그러게, 어차피 난 남는 게 시간이니까!"

그렇게 난 당구장을 시작하면서 지금까지 있었던 일들과 고민을 털어놨다. 장황하게 주저리 주저리 이야기를 하고 나니 마음이 좀 후련해졌다.

노인이 칡차 한 잔을 더 건네면서 말문을 열었다.

"그런거네! 내 장사라는 게! 그런데 그렇게 스스로에게 불평하거나 불안해 할 것 없네. 이제 슬슬 자네가 적응을 하고 있다는 증거네."

"네?"

난 무슨 뜻인지 알 수가 없었다. '적응하고 있는 거라니!' 취차 한 모금을 들이켰다.

"여보게, 난 퇴직을 하고 여기서 15년을 이 트럭과 함께 했네. 하루 손님이라고 해봐야 10명? 많으면 20명? 그 정도네. 소일거리로 시작한 일이지만 처음엔 기름값 걱정을 많이도 했지. 이 트럭도 그때는 거의 새것이었는데 말이야!"

노인은 깊은 한숨을 쉬곤, 잠시 옛날을 생각하는 듯 보였다.

"그런데 이젠 여기 오는 손님들 한 명 한 명과 삶의 이야기를 듣는 재미에 푹 빠졌다네. 가끔 이 녹색 테이블에서 햇살을 받으며 고스톱으로 무료한 시간을 보내기도 하지."

난 잠시 말을 끊었다.

"아, 늘 여기서 두세분이 함께 치시던 걸 봤어요. 10원짜리와 100원짜리가 수북하게 쌓여 있는 것도 봤지요."

"허허~ 그래. 점당 10원짜리였어! 그래도 그 스릴은 10억을 투자하고 결과를 기다리는 노력과도 비슷한 쾌감이 있지! 하하하"

"정말이요?"

"그럼! 나 커피 팔아서 500원 남네!! 허허허"

노인이 다시 말을 이어갔다.

"이젠 여기 의자에 앉은 손님의 앉은 자세와 표정만 봐도 그 무게를 짐작하고 남음이야. 사업이 망해서 여기 와 한숨짓는 사람, 취직걱정에 가슴을 닫은 젊은이, 이혼을 앞두고 절망하는 사람 등등 수없이 많이 봐왔네. 늘 여기 와서 커피 한잔과 담배를 피우며 저 저수지를 물끄러미 바라보곤 하지."

난 고개를 떨궜다.

"오늘 자네 어깨가 그렇네. 내뿜는 담배연기는 더 깊고 아파 보였다네. 늘 당당하던 자네 어깨가 오늘은 축 처진 듯 보였어. 처음엔 평상복이라 그런가? 하는 생각을 했지만 깊은 한숨으로 나오는 담배연기에 뭔가 심상치 않음을 느꼈네!"

왠지 위로가 조금 느껴지는 노인의 말에 난 귀를 기울였다 세월로 나를 꽤 뚫어보는 그런 느낌이다.

"마음을 조금 편안히 하게. 그렇게 힘들어하지 않아도 되네. 자네 가족은 자네를 믿고 있을 거고, 자네와 함께 일하는 친구들도 자네를 믿고 의지할 것이 분명해. 그리고 자네가 지금 그 무거운 책임감에 괴로워하고 고민하고 있다는 것도 그들은 잘 알 걸세."

노인은 계속 이야기를 이어갔다. 난 칡차를 한 모금 더 음미한다.

"위치가 바뀐 것뿐이네. 자네는 지금 제일 높은 곳에서의 당연한 고민을 하고 있는 거네. 가족과 함께할 시간이 부족하고, 하루의 매출을 고민하고, 직원들의 생계를 걱정하는 이유가 뭔가? 자네가 조금 덜 책임감이 강하고, 조금 덜 철저한 성격이고, 조금 덜 부지런하다면 지금의 고민은 아마도 안 하고 있을게 분명해. 그렇지 않은가? 그게 제일 높은 곳에 있는 사람의 직분이네. 그걸 즐기게. 누군가에게 의지하던 삶에서 누군가를 책임져야 하는 위치로 바뀐 것이지. 이제 그 삶에 적응

하고 있는 단계라네."

"그런가요? 적응? 조금 지나면 나아질까요? 지금의 이 답답함에서 벗어날 수 있을까요?"

"하하하, 분명 그럴 걸세. 지금도 칡차가 쓴가?"

"아! 네, 쫌 아직은 씁니다."

노인은 굽은 허리로 천천히 걸어 트럭 앞 빨간색 플라스틱의자에 앉았다. 그리곤 종이컵에 칡차를 따르더니 후~ 하고 불어 한 모금 마시더니 저수지를 물끄러미 바라봤다.

'후~' 나도 노인을 따라 차가운 칡차를 불어 마시곤 저수지를 바라봤다. 햇살이 따사로운 봄의 파릇한 기운이 저수지에 비춰져 온통 녹색이다. 잔잔하게 일렁이는 물결에 녹슨 트럭과 나와 노인이 있다.

"아, 이 잠시의 시간이 여유라는 거구나!"

이거면 충분하다.

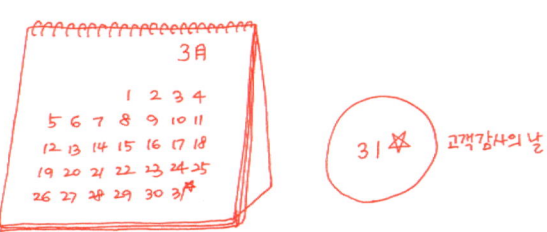

"영민아, 우리 이달 말일에 행사를 하나 할까 해, 어떻게 생각하니?"

이미 결정된 '고객 감사의 날' 행사에 대하여 태연하게 물어봤다.

"행사요? 어떤?"

시큰둥한 반응이다.

"뭐냐 하면 매달 말일을 '고객 감사의 날'로 정했어. 그날은 치킨, 양장피, 과일 등을 준비해서 손님들과 함께 파티를 하려고 해. 게임요금도 그날 행사시간에 참여하시는 분들은 50%를 할인 해주려고 한다."

영민이 깜짝 놀란 눈으로 격한 공감을 표시하며 한가지 제안을 했다.

"와~ 진짜 재미 있겠는데요. 그날은 그럼 손님들 맥주도 자유롭게 마시게 하는 건 어떨까요?"

"오~ 좋은데! 그래 그날 하루만큼은, 한 달에 한 번씩 고객감사의 날에는 맥주를 마시게 하자!"

잠깐 아주 잠깐 고민을 했지만 바로 영민의 의견에 흔쾌히 동의했다. 영민이 활짝 웃으며 신나 하는 것이 표정으로 느껴진다.

"영민아! 그럼 나머지 직원들에게도 이야기를 전달하고, 영민이가 책임지고 그날 행사를 준비해 줬으면 좋겠어!"

"네? 네! 네!"

녀석이 활짝 웃으며 당황해 한다.

"사장님, 그럼 쿠폰에 적힌 전화번호들을 취합해서 단체 문자를 보낼게요. 그리고 제가 그래픽프로그램으로 예쁘게 안내 홍보물을 만들어 게시하겠습니다!"

"하하하! 그래, 그럼 부탁할게! 아 참, 단체문자 보내기 전에 내게 꼭 이야기를 해주도록 해. 초대 메시지의 내용을 생각해둘게."

이로써 내 작전의? 고객감사의 날 파티의 반은 성공했다. 직원들과 함께 만드는 파티! 손님과 함께하는 파티! 그러기 위해서는 직원들이 적극적이고 자발적으로 참여해야 한다고 생각한다.

어제 노인과의 대화가 약이 된 것일까? 마음이 가볍고 무언가 의욕적인 내 상태에 신기하다. 칡차의 효능인가? 갑갑하던 가슴이 뻥 뚫린 듯 가뿐하다.

::: 패밀리레스토랑

커다란 4인용 테이블에 잘 익은 스테이크, 연어샐러드, 감자튀김, 피자 등을 한 상 가득 펼쳤다. 아이와 아내는 맛난 음식들을 앞에 두고 내 얼굴에서 눈을 떼지 못한다.

"뭣들해? 안 먹고? 와 진짜 맛있겠다 그렇지?"

"아빠! 아빠얼굴이 더 맛있어요!"

그러면서 고기 한 점을 집더니 내게 들이민다.

"아빠, 이건 아빠 드세요."

아내가 입을 벌리는 시늉을 하더니 얼른 입을 벌리고 받아 먹으라는 압박을 가했다.

"앙~ 맛있는데~ 쩝쩝."

아이의 웃음 아내의 웃음 나의 쩝쩝거림.

그리고 우리 셋의 한바탕 웃음.

행복하다.

더 무엇이 필요할까? 가족이란 그런 것 같다.

45 DAY **3월 26일**

　　늦잠을 늘어지게 잤다. CCTV속 당구장은 평온하다. 4테이블의 당구대에서 손님들이 당구를 치고 있다. 휴게실엔 주말이면 아빠와 함께 당구장에 놀러 오는 아이가 큐 한 자루를 어깨에 걸치곤 TV속 만화에 축 빠져있는 듯 보인다. 흡연실을 왔다 갔다 하는 손님들. 오후 3시의 당구장은 너무나 평온하다.

　　베게 속 전화기의 진동이 울린다. '당구장' 선명하게 쓰여진 발신지표시에 얼른 전화를 받았다.

　　"여보세요! 왜 무슨 일 있니?"

　　"사장님, 다른 게 아니라 늘 오시는 백발손님 있잖아요! 그 분이 사장님을 급하게 찾아요. 사장님 언제 나오시냐고요!"

　　앗! 왜 날 찾는지 충분히 짐작할 수 있었다. 최근 나와의 당구에서 늘

지기만 했기 때문에 복수전을 위해서 찾고 있다는 생각이 번뜩 들었다.

"하하하! 그래, 씻고 나가면 1시간 정도 후가 될 것 같아!"

"네, 그럼 그렇게 전달 드릴게요!"

난 통화를 끝내고 얼른 CCTV를 켜고 엄지와 검지로 확대해 그를 확인했다. 백발의 손님은 공을 뿌려놓고는 열심히 연습하는 장면이 눈에 확! 들어왔다.

"어이! 주인장! 어서 오게! 얼른 큐 들고 와!"

난 출입구 문을 열고 멈칫하며 눈 웃음을 지었다. 순간 조금 약을 올려야겠다는 생각이 든다.

"하하, 잠시만요. 저 숨 좀 돌리고요! 화장실도 잠시 다녀올게요!"

"이런, 나 한참 기다렸다고. 뜸들이지 말고 어서 오시게!"

백발의 손님은 오른손에 든 큐를 왼손 검지와 엄지 사이에 끼우고는 연신 펌프질을 하며 내게 재촉한다.

"하하, 알겠어요. 얼른 물만 좀 빼고 올게요."

어느새 백발의 손님과 난 꽤나 친한 사이가 됐다. 치열한 당구 승부와 함께 말이다. 이 손님과 당구를 칠 때면 가끔 치열했던 승부를 하던 과거가 생각이 나기도 한다.

드디어 경기를 위한 뱅킹, 선구를 가리기 위해 둘은 당구대에 나란히 엎드렸다. 그때 백발의 손님이 한마디를 건넨다.

"오늘은 꼭 내가 이길 거야! 잘 부탁해!"

상대의 기선을 제압해야 한다는 생각이 문득 들었다.

"네! 열심히 치겠습니다!"

오래 전 옛날, 당구의 승부욕에 심취했던 때!

난 상대와의 첫 대면에 항상 견제의 날카로운 예의를 갖추곤 했다.

연습구 몇 개 치고 몸 좀 풀고 시작하자는 상대의 제안에 난 늘 '하하하~ 하루 이틀 당구 치나요! 그냥 시작하시죠!'라고 건방을 떨면서 상대를 당황시키곤 곧바로 게임에 들어가곤 했다. 내 생각은 기선제압? 상대를 초반에 자극해서 심리적으로 이기고 게임에 들어가고자 하는 섣부른 의도였다. 어떤 때는 상대가 필승 의지를 불태우면서 '오늘은 꼭 이길게요!'라고 도발을 하면 "그래요! 그렇게 하세요. 오늘은 컨디션이 안 좋아서 제가 질 것 같아요!"라는 역 도발 멘트를 자연스럽게 날리곤 했다.

그러나 지금 난 당구장 사장이고, 장사꾼이 다 됐다. 상대에게 이기고 지는 것 보다 함께 즐겁게 당구를 치는 것으로 만족한다. 어떤 경우엔 손님의 눈치를 적당히 살피며 게임을 져 주기도 하면서 분노의 연기를 하기도 한다. 사실 아직까지 게임에서 지고 나면 화장실 타일에 머리를 박으며 자책하기도 한다. 그러나 분명한 것은 내가 이기는 게 중요한 게 아니란 것은 확실하다. 손님이 즐거운 게임이 됐느냐 아니냐! 그가 나의 게임에서 승부욕을 갖게 됐느냐 아니냐의 문제다. 늘.

그녀: 여보! 오늘 휴일이니까! 꼭 이기고 들어와요!

나: 그렇지? 난 오늘 휴일이니까 나도 당구장 손님이지?"

그녀: 당신 좋아하는 김치찌개 끓여 놓을게요

당구장 창업했어요

난 게임 중간에 아내와의 메시지를 슬쩍 보여줬다.

"사장님, 이거 좀 보세요! 저 오늘 휴일이에요. 아내가 보낸 메시지입니다."

"앗! 그럼 나 져줘야 하는 거야? 하하하!"

"하하하, 그럼 감사하죠! 저 집에 가서 거짓말 하면 안 되잖아요^^"

그렇게 그와의 재미난 전투적인 승부를 펼쳤다.

::: 아르바이트의 정산 오류!

새벽 4시가 조금 넘은 시간 주말아르바이트 직원으로부터 다급한 문자가 왔다. 벌써 퇴근을 했어야 할 시간이다.

"사장님, 제가 손님에게 게임요금 2만원을 덜 받았습니다. 어떻게 하죠? 아무리 정산을 해도 현금이 맞지를 않아서 확인 해봤더니 2만원이 빕니다. 죄송하지만 이번 급여에서 2만원을 차감하셔도 저의 실수에 대한 책임으로 인정하겠습니다."

난 문자가 괘씸했다. 다급한 마음에 '차감'이라는 단어로 자신의 실수를 책임을 지겠다는 의도라 생각을 하면서도, 나를 그렇게 매정한 사람으로 본 것이 매우 서운했다.

"오늘은 너무 늦었으니 택시 타고 퇴근을 하도록 해. 그리고 2만원은 차감하지 않을게. 다음부터는 실수하지 않도록 해요. 일 하다 보면 그럴 수도 있어요. 그리고 솔직하게 말해줘서 고마워. 참! 나 그렇게 빡빡한 사람 아니다~"

"사장님, 감사합니다! 정말 정말 감사합니다. 제가 다시는 실수 하지

앉도록 신경 쓰고 더 더 더 더 열심히 하겠습니다. 그리고 조금 있으면 버스가 다니니까 버스 타고 퇴근하겠습니다. 주무시는데 신경 쓰이게 해서 죄송합니다."

"택시 타고 얼른 들어가서 쉬도록 해라!"

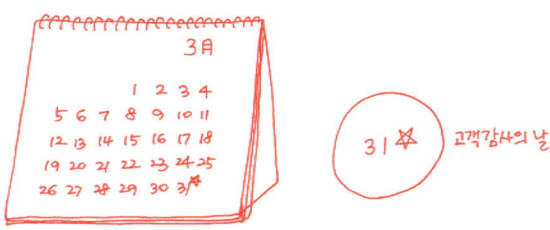

10시 30분, 당구장 문을 열고 카운터에 앉았다. 정산 컴퓨터를 켜고 잠시 아침에 해야 할 일들이 적힌 근무일지를 펼쳤다. '딩동딩동' 그때 오전근무자 영민에게 문자메시지가 왔다.

사장님, 출근 하셨죠? 은행입금 하시고, 오늘은 음료 주문을 해야 하는 날이니까 꼭 음료수 주문 넣어주세요. 그럼 전 사장님 믿고 열심히 국방의 의무를 다 하겠습니다. 아 참! 주말근무자가 항상 제게 안부 또는 요청사항으로 코멘트를 달아 놓거든요 거기에 '저는 오늘 예비군 훈련입니다. 주말에 깨끗이 정리 잘 해줘서 고마워요!'라는 코멘트를 꼭 부탁 드립니다. 그럼 사장님 오늘 저 대신 고생하시고요. 내일 뵙겠습니다.

"이 녀석 아주 신이 났군! 나도 예비군 훈련 가고 싶다!"

혼잣말을 중얼거리곤 본격적인 오전근무자의 업무에 들어갔다. 일단 창을 열고 환기를 시키곤 매뉴얼에 적힌 내용대로 하나 하나 해나갔다. 그런데 이게 참 어설프고 시간이 많이 걸린다. 익숙하지 않은 탓일까? 유리의 손자국을 없애는 게 이렇게 힘든 줄 미쳐 몰랐다. 늘 유리를 깨끗하게 청소할 것을 주문하고는 깐깐하게 점검을 했었는데, 막상 내가 직접 해 보니 여간 성가신 게 아니다. 거의 2시간의 사투 끝에 오전근무자의 모든 할 일을 마칠 수가 있었다.

다행인지? 그 시간까지 손님은 2팀. 12시가 조금 넘어서 들어온 손님들은 내게 어떤 요청도하지 않은 채 당구게임에 열중이다.

카운터의 높고 동그란 간이의자에 앉아 잠시 장부를 펼치곤 하단의 비고란을 봤다.
장부를 펼쳐보곤 씩~ 하고 웃음이 나왔다.

영민이 형, 아침부터 수고가 많습니다. 어제는 제가 천장에 묻은 초크자국을 지웠고, 4번 당구대에 구멍 난 게 있어서 때워봤습니다. 확인하시고 잘 안됐으면 형님이 다시 잘 때워주세요. 사장님 은근히 꼼꼼한 분이라 뭐라고 하실지도 모르겠네요. 그리고 어제 백발손님과 당구 2게임 모두 져서 2만 2천원 게임요금 내셨습니다. 아마도 예민할 테니 오늘 하루 부디 몸 조심하시고요.^^

하나 하나 뒷장을 다시 넘겨봤다.

당구장 창업했어요

오늘 날씨가 꾸물꾸물 해요! 간판 불 미리 켜기! 꼭 지켜주세요.

백발 손님, 혼자 오셔서 사장님과 게임치기 위해 기다리다가 화내시고 갔음. 사장님께 반드시 전달요망. 혹시 사장님이 승부를 피하시는 거 아닌가 의심스러움^^

낮 손님이 많아서 흡연실 청소가 좀 미비했어요. 미안하구요. 미진씨가 정리정돈 한번 더 부탁해요~

등등 여러 가지 주고받은 내용들이 있었다. 이 녀석들 자기들끼리 내 뒷담화를 약간 하긴 했지만 그들끼리의 돈독한 정이 느껴져 참 좋다. 특히 업무적인 부분에서 서로 의논하면서 함께 장사를 만들어 가는 과정이 더 대견스럽다. 그것도 아르바이트직원들이.

47
DAY

3월 28일

"여보 이건 투 팁을 주고, 부드러운 큐 질로 밀어 넣어야 해! 자 이렇게 스~윽! 하고 부드럽게 말이야!"

여자의 팔꿈치에 손을 받치고는 남자는 숙~ 하고 여자의 팔꿈치를 가슴 앞쪽으로 밀어 넣었다. 당구공은 활주하듯 당구대 위를 돌아다닌다.

"호호, 이 느낌이구나! 그럼 다시 한번 공을 놓고 제대로 쳐 볼게요!"

여자는 뒤 돌리기 포지션의 공을 배열하고는 하나, 두울, 세~~~엣 하면서 긴 팔로우로 득점을 성공시켰다. 30cm쯤 두 발을 벌리고 팔짱을 낀 남자는 고개를 끄덕이며 인자한 미소를 짓고 있다.

"나이스 큐! 그래 바로 그거야! 하하하"

"나 잘했죠? 호호호!"

남자와 여자는 개업초기부터 함께 3쿠션 당구를 즐기고 있는 부부다. 근처 동네에서 미용실을 함께 운영하고 있는 부부는 매주 화요일과 주말이면 당구장에 들러 3~4시간씩 둘만의 게임을 즐기곤 하는데 여간 부러운 게 아니다.

"저 손님 매일 같이 일하시는데, 이렇게 여가시간도 같이 보내시고 부럽습니다."

흡연실에서 담배 한 대를 피우고 있는 손님에게 넌지시 매일 보는 아내와 취미까지 함께하는 것이 불편하지 않느냐는 속물적인 숨은 의도로 질문했다.

"아~ 부러우세요?"

손님은 너무나 태연하게 행복한 미소를 지었다. 나의 의도와의 전혀 다른 대답에 당황스럽다. 보통 '어쩔 수 없죠!'라는 대답을 할 법도 한데.

"네! 부럽습니다. 하하하!"

나 역시 어쩔 수 없이 간결하게 부러움의 강도를 표현했다. 남자는 피우던 담배를 끄고는 아내와 함께 당구를 쳐야 하는 이유를 설명해줬다.

"실은 제가 당구를 무지 무지 좋아합니다. 한때는 가게 문을 닫은 후, 다음날 새벽까지 동호회 친구들과 당구를 치기도 했었죠. 근데 그게 잦아지니까 아내가 심통이 났던 모양이에요."

"아! 다음날 일 하는데도 지장이 좀 있었겠어요?"

난 짐작했다. 찌든 담배연기 속에서 새벽까지 당구를 치고 다음날 정상적으로 일하기가 여간 해선 어렵다는 것을 경험으로 알 수 있었다. 당연히 트러블도 있었을 거란 생각을 했다.

"하하, 맞아요. 완전 혼났죠. 당구냐! 자기냐! 선택하라고 하더라고요."

"애고~ 왜 여자들은 꼭 그렇게 선택하라고 할까요? 뭐, 물론 취미생활을 적당히 조절하며 해야 하는 것은 맞지만 그래도 둘 중에 선택하라는 것은 정말이지 괴롭습니다."

나의 동조에 말문이 확! 열린 남자는 엄지와 중지로 '딱'하고 소리를 내더니 눈을 찡그려 감았다.

"그렇죠? 너무한 거죠? 하하하, 그래서 당구도 쳐야겠고 아내도 사랑하니까 이렇게 같이 다니게 됐습니다. 제가 당구를 가르친 지가 벌써 1년이 다 돼 갑니다. 이제 15점? 정도의 실력이 됐어요. 생각보다 운동신경이 좋아서인지 금세 늘더라고요."

"와~ 진짜 빠르네요."

"네. 그리고 마침 이곳 금연당구장이 생겨서 요즘은 함께 게임을 즐기는 날이 더 많아졌습니다. 전에는 1주일에 1번정도 1~2시간씩 당구를 쳤는데, 지금은 이렇게 오래 함께 놀게 되네요."

"아! 그렇군요, 감사합니다. 그런데 매일 아내 분과 함께 치시면 좀 재미없지 않으세요? 동호회에 다시 나가고 싶은 생각은 없으세요?"

난 남자의 당구본능을 슬쩍 떠봤다.

"당연하죠. 그런데 뭐 아내와 함께하는 것도 참 재미있습니다. 취미를 함께하니 부부관계도 더 좋아졌습니다. 하하하"

"하하, 그래도 가끔 저와 한 게임씩 하세요. 치열한 승부욕을 가끔 되새겨보는 것도 좋지 않을까요? 하하하!"

남자와 난 맞수다. 이후로 가끔 한 게임씩 할 때면, 그의 아내가 이순신 자세로 서서 우리의 경기를 지켜보며 레이져 눈빛을 쏘는 통에 여간

부담스러운 게 아니다. 나도 내 아내가 지지 말라고 했는데 말이다. 참
부러운 부부다.

48 DAY 3월 29일

OOO고객님, OO당구장입니다. 내일은 '고객 감사의 날' 행사가 있습니다. 4~10시까지 다과와 함께 캔맥주가 제공됩니다. 잠시 들르시어 자리를 빛내주시면 감사하겠습니다. 더불어, 늘 저희 OO당구장을 찾아주셔서 진심으로 감사 드립니다.

모아 둔 이벤트 쿠폰의 고객 전화번호에 한 사람 한 사람의 이름을 적고 이벤트에 참여해줄 것을 권하는 문자 메시지를 보냈다. 운영중인 facebook과 band에도 별도의 공지를 통하여 회원들에게 행사의 취지와 행사진행 방법에 대한 안내를 했다. 그리고 이벤트 준비를 위해 맥주 캔과 과자 그리고 여러 가지 과일들을 준비하고, 파티용품점에 잠시 들러 풍선과 리본 폭죽 등을 구매했다. 파티에 깜짝 이벤트가 빠지면 안되겠지? 난 간단한 추첨을 통해 손님들께 드릴 2kg 쌀, 식용유, 햄 등도 함께 준비했다. 파티다운 파티를 만들기 위한 나의 세심함이랄까? 크지 않지만 손님들을 위해 정성을 다 하는 마음이다.

"여보, 손님들이 좋아하겠지?"

"호호, 분명히 좋아들 할거에요! 세상에 이런 당구장이 어디 있겠어요~"

"하하, 그렇지? 그럴 거야 최소한 이 동네에선 우리가 1등이고 우리만큼 열정적으로 장사하는 당구장은 없는 것 같아."

"근데, 여보! 내일 꼭 50%할인까지 해야 해요?"

아내는 손님이 평소보다 더 많이 올 것이 분명한데 굳이 할인까지 해서 손실을 키워야 하겠냐는 의도로 묻는 것 같았다.

"여보, 이건 투자야. 그리고 감사의 표시지. 사실 내일 하루 그리고 한 달에 한 번은 '고객감사의 날'을 빙자해서 함께 즐기고 싶은 것이 내 생각이야. 그래야 우리 당구장에 더 친밀감을 느끼고 좋은 마음으로 대접을 하고 싶어. 그리고 오늘 준비한 여러 상품과 음식들 비용과 내일 나올 게임요금이 비슷할 거야. 하하, 다시 말해서 내일 수입은 '빵'이야!"

"아쉽지만 당신 생각이 그러니. 호호호, 나한테도 그렇게 통 크게 한 번 해봐요. 호호호~"

"…"

그러고 보니 결혼 이후 아내에게 뭐하나 해준 게 없다.

"여보! 내가 꼭 성공할게!"

"호호호, 알았어요~ 고마워요!"

49
DAY **3월 30일**

왁자지껄하게 여기저기서 소란스럽다. 100여평의 당
구장 전체가 오늘은 떠나갈 듯하게 시끄럽고 부산스럽다. 오늘은 내가
직장을 그만두고 새로운 직업의 선택으로 당구장을 개업한 지 꼭 49일
째 되는 날이다. 난 오늘 하루만큼은 시끄럽게 떠들어도 좋고, 휴게실의
준비된 공간에서 술 마셔도 좋다고 손님들에게 공표했다.

오늘은 미루어 두었던 개업식 겸 고객감사의 날이다. 이런 특별한 날
을 만든 이유는 2월중순 개업 이후, 정상적인 정산을 시작한 3월달 1
개월간의 1일 매출평균이 45만원을 넘는 괄목할 만한 성과를 이뤘음
을 당구장 직원 전체가 스스로 자축하고, 당구장을 이용해 준 손님들
께 특별한 감사의 마음을 전하고 싶었다.

당구장 창업했어요

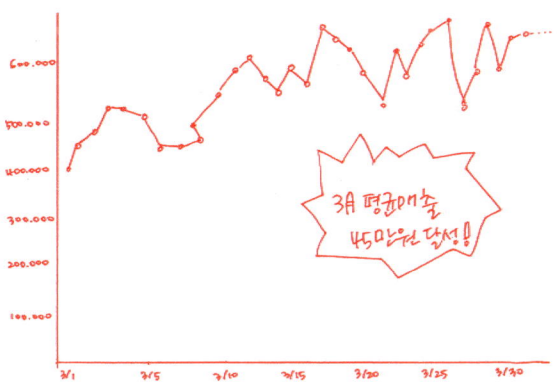

3月 평균매출
45만원 달성!

나와 가끔 당구를 치는 자주색 목 티에 백발을 한 손님이 나를 보자마자 게임을 요청한다.

"오늘 주인장과 오래 함께 있어서 참 좋아! 오늘은 도망가지 말고 나랑 꼭 한 게임 하자~구! 하하하"

"네, 그러시죠. 오늘은 꼭 이기겠습니다!"

그가 오늘따라 유독 친한 척 너스레를 떤다. 이 손님은 내가 가끔 낮에 당구장에 들를 때 한 게임씩 하며 친하게 된 손님이다. 맞수? 내가 조금 고점자지만 여간 해선 이기기 힘든 상대다.

또 저쪽에서 예쁘장한 여자아이가 날 보며 '사장님, 오늘 왠 일로 넥타이? 멋지신데요!'라며 칭찬을 아끼지 않는다.

다음 당구대로 가 인사를 하자 손님이 의아한 표정으로 '사장님이셨어요?'라며 묻는다.

"저는 가끔 뵐 때마다 흡연실에서 담배만 피우고 가시길래 손님인줄 알았어요. 하하하, 저는 저기 카운터에 계신 분이 워낙 친절해서 그분이 사장님인 줄 알았지 뭡니까! 하하하"

그리곤 다과로 준비한 초콜릿 쿠키를 입에 물고는 연신 웃어댄다. 난 매장을 책임지고 운영하는 직원에 대한 칭찬에 약간은 으쓱해졌다.

"저 친구가 사장이죠. 전 그냥 왔다 갔다만 합니다. 저 없어도 친절한 걸 보니 보너스를 좀 줘야겠는데요. 하하하!"

카운터에서 부산스럽게 큐 손질을 하고 있는 '영민'이 우리를 보고 씩 웃는다. 한 손에는 걸레를 한 손에는 큐를, 동시에 두 눈은 90평의 매장을 두리번거리며 연신 미소를 짓고 있다.

난 오늘 당구대마다 돌아다니며 게임을 치는 손님들에게 정중하게 인사를 했다.

"감사합니다. 손님 덕분에 제가 오늘 넥타이를 메고 이렇게 인사를 자신 있게 인사를 드립니다!"

나의 인사에 손님들은 가벼운 목례로 답을 하곤 칭찬을 아끼지 않는다.

"여기가 우리 동네에서 제일 좋은 당구장입니다. 하하하!"

손님의 극찬에 으쓱해졌다.

"그렇죠? 분명 그럴 겁니다! 앞으로도 더 좋은 당구장으로 손님들이 불편함이 없도록 노력할게요~"

저녁 6시.

꽉꽉 들어찬 손님들에게 난 큰소리로 외쳤다.

"손님, 오늘은 마음껏 맥주와 다과를 즐기세요. 그리고 오늘 게임요금의 50%는 제가 쏩니다! 마음껏 즐기세요!"

오늘은 '고객감사'의 날이다. 하루 매출을 포기한 것이 난 전혀 아깝지 않았다.

"하하하, 사장! 여기 와서 한 잔 같이해!"

"네, 금방 갑니다."

당구장은 여기저기서 날 부르는 외침과 즐거운 웃음소리로 늦은 밤까지 떠나갈 듯 소란스럽다.

뜨거운 석양이 하늘을 온통 붉게 물들였다. 항문을 찌르던 차디찬 냉기는 사라지고 콘크리트 틈새로 이름 모를 새싹이 돋아나고 있다. 왼쪽으로 고개를 돌리자 흰색의 달이 떠오른다. 팔을 쭉 뻗어 플라스틱 아이스 아메리카노 잔에 해와 달을 동시에 담는다. 냉기서린 뜨거운 그것이 가슴에 스민다.

절박했던 3개월을 회상하며 담배 한 대를 물곤, 석양과 함께 붉어진 저수지 끝의 암적색 물결을 바라본다. 군데 군데 바닥을 드러낸 저수지는 가뭄의 영향에도 젖줄을 간직하고 물결 친다. 생명유지를 위한 그 간절함과 절박함이 담긴 일렁임. 그게 나의 힘이 된다. 돌이켜보면, 당구장 창업을 결심하고부터 지난 3개월의 시간 동안, 단 하루도 마음 편하게 잠을 이룬 적이 없는 것 같다. 곤히 잠든 아내의 침대 끝에 누워, 들으라는 듯 끙끙 앓으며 보냈던 밤들. 아주 잠시 아내의 손끝 저림을 통해 무언가 이야기하고 싶은 충동과 잠시의 위로를 느끼고 싶은 몸부림. 그리고 애써 들키지 않으려 지새웠던 밤들. 그렇게 누구에게도 말할 수 없던 들키기 싫었던 여러 가지 걱정과 고민들을 함께 했던 바나나우유와 담배 그리고 새벽의 휴식을 제공했던 어느 편의점의 허름한 녹색 플라스틱 테이블.

순간 손톱 끝의 왁스냄새가 플라스틱 잔의 이슬과 섞여 코 끝을 찌릿하게 자극한다.

"아, 이 냄새가 이제 내 냄새구나!"

나를 지배하던 몽블랑의 그윽한 향기는 어느새 과거로 사라지고, 코팅왁스와 피칼의 강한 휘발성 냄새가 내 몸을 이미 지배했다는 사실을 오늘에서야 깨닫는다. 사랑하는 아이와 아내를 담보로 한, 나의 도전은 더 큰 목표를 향해 계속된 진행형이다. 나의 도전은 행복한 가족을 지키기 위한 사투다.

이 이야기는 어느 한적한 동네에서 당구장을 개설하고, 성공적으로 매출을 안정시키기까지의 실화를 바탕으로 각색한 것입니다. 이 이야기가 자칫 당구장 창업을 생각하는 독자 여러분께 허황된 꿈 또는 비관적인 현실을 전달하게 될까 우려와 걱정을 동시에 안고 최대한 현실적인 부분을 전달하기 위해 절제된 표현에 신경을 썼습니다.

당구장 창업이란 것이, 10여년 전 과거처럼 당구대만 놓고 장사하는 저비용 창업이 아닌 현실에서 열린 시각과 남다른 장사 마인드를 갖고 당구장 창업에 접근했으면 하는 바램입니다. 그래서 이 이야기의 주인공인 김과장의 이야기 대부분은 '당구장의 특수성' 보다는 '장사의 보편성'에 그 중심을 두었습니다. 흔히 '당구장은 이래야 돼'라는 고정된 시각에서 벗어나 '장사'라는 포괄적인 범위에서 당구장이라는 특수적인 형태에 접목하는 노력이 필요합니다. 필자는 수많은 당구장창업을 돕고, 개선활동을 지원하면서 같은 논리를 적용하고 좋은 성과를 많이 거두었습니다.

여러분!

'당구장을 한다!'라는 시작점에서 벗어나, '장사를 한다!'라는 마음가짐으로 철저한 준비와 열정을 불사를 것을 권합니다. 여러분의 앞 날에 밝고 희망찬 성공의 미래가 함께 하길 기원합니다.